REGINE STRONER

Wünsch dir was!

Geschenke aus der Weihnachtsküche

REGINE STRONER

Wünsch dir was!

Geschenke aus der
Weihnachtsküche

FOTOS VON MARTINA GÖRLACH

KOSMOS

Wünsch dir was!

Wünsch dir was!
kulinarische Weihnachtsgrüße

SO SCHMECKT WEIHNACHTEN: LANDESTYPISCHE SPEZIALITÄTEN, OB SÜSS ODER HERZHAFT, LIEBEVOLL ZUBEREITET – DAMIT KANN MAN DER FAMILIE UND FREUNDEN EINE GANZ BESONDERE ÜBERRASCHUNG BEREITEN.

In der Adventszeit sind Geschenke und vor allem kleine kulinarische Köstlichkeiten besonders gefragt. Die Klassiker, wie Plätzchen, Stollen & Co., sind natürlich beliebte Stars in der Weihnachtsküche. Aber auch Konfekt, Likör, Würzsaucen, raffinierte Salz- und Honigmischungen, süß und pikant Eingelegtes und Eingekochtes lassen als kleine und sehr persönliche Mitbringsel, hübsch verpackt, Feinschmeckerherzen höher schlagen. Und man muss ja nicht gleich alles verschenken, sondern kann sich auch selbst das eine oder andere gönnen.

Selbst gemacht schmeckt's eben einfach am besten. Und damit für Abwechslung gesorgt ist, lassen wir uns auch von den Spezialitäten anderer Länder inspirieren. Wir laden Sie ein zu einer kulinarischen Reise – ins Feinschmeckerland Frankreich, nach Österreich und Italien, nach England und in den hohen Norden, nach Schweden.

DEUTSCHLAND & ÖSTERREICH

Was die weihnachtlichen Traditionen in den beiden benachbarten Ländern betrifft, gibt es viele Gemeinsamkeiten. Vor allem Weihnachtsgebäck spielt hier wie dort eine besonders große Rolle und es gibt vieles, das nur in dieser Jahreszeit gebacken wird. Bereits Ende November beginnen die Vorbereitungen und die heimische Küche verwandelt sich in eine Weihnachtsbackstube. Feine Plätzchen, Stollen und Kuchen, die man beim Adventskaffee, vielleicht mit einem selbst gemachten Likör, genießen kann, versüßen die Wartezeit bis zum Fest. Und auch der Nikolausstiefel lässt sich mit verschiedenen kleinen Köstlichkeiten füllen.

Jede Region hat ihre eigenen Spezialitäten und manche haben ihre Heimat sogar berühmt gemacht: So ist Nürnberg die Stadt der Lebkuchen und bei Stollen denken die meisten an Dresden. Sachertörtchen und Vanillekipferln verbindet man mit Wien – wenn es auch umstritten ist, dass Letztere wirklich in Österreich erfunden wurden.

FRANKREICH

Edle Schokoladentrüffel, feines Gebäck, Pasteten und Rillettes – daran denkt man beim benachbarten Feinschmeckerland. Ganz spezielles Weihnachtsgebäck aber kennt man in Frankreich eigentlich nur im Elsass und in den Vogesen. Dort werden, ebenso wie im Süden Deutschlands, z. B. Springerle und Lebkuchen gebacken. Aber die Vielfalt, die auf dem deutschen Plätzchenteller liegt, findet man in Frankreich nicht. Vielleicht liegt es ja auch daran, dass die Franzosen das ganze Jahr über raffiniertes Gebäck gewohnt sind. Und dass sie daher in der Adventszeit oft nur das eine oder andere einfach zusätzlich mit den typischen Weihnachtsgewürzen wie Zimt, Nelken, Anis oder Kardamom variieren, sodass es auch in den französischen Backstuben weihnachtlich duftet.

Ein spezielles Weihnachts-Dessert aber ist überall in Frankreich zu Hause: der Bûche de Noël, der Weihnachtsbaumstamm. Er steht als Symbol für ein dickes Holzscheit, das früher an den Weihnachtstagen im Kamin brannte und dessen Asche dann – für eine gute Ernte – auf den Feldern verstreut wurde. Die feine Biskuitrolle ist der krönende Abschluss des „reveillon", des meist üppigen weihnachtlichen Festmahls.

ENGLAND

Shortbread, Gingerbread, Haferplätzchen: Die britischen Klassiker, die man als traditionelle Begleiter zum „five o' clock tea" kennt, schmecken natürlich auch in der Weihnachtszeit. Und die berühmten englischen Marmeladen aus Zitrusfrüchten, würzige Chutneys, Toffees oder raffinierte Teemischungen eignen sich ebenfalls ganz prima als feines kulinarisches Geschenk.

Neben dem berühmten Plum-Pudding, einem sehr aufwendigen, gekochten Pudding aus Trockenfrüchten, der mehrere Wochen durchziehen muss und traditionell als Dessert am Heiligabend serviert wird, sind vor allem Mince-Pies ein sehr beliebtes süßes Weihnachtsgebäck. Die mit einer würzigen Fruchtpaste gefüllten Pies gelten auch als Lieblingsspeise von „Father Christmas", der mit seinem Rentierschlitten in der Nacht vom 24. auf den 25. Dezember auf dem Hausdach landet und durch den Schornstein kommt, um die Weihnachtsstrümpfe mit Geschenken zu füllen. Um sich dafür zu bedanken, stellt man ihm deshalb ein oder zwei Pies vor den Kamin.

Merry Christmas to you all

SCHWEDEN

Ein besonders wichtiger Tag in der Adventszeit ist hier der Lucia-Tag, der 13. Dezember. An diesem Tag feiert man das Lucia-Fest, das Fest der Lichterkönigin, das in Zusammenhang mit der heiligen Lucia aus Syrakus gebracht wird. Mädchen in weißen Kleidern und einem mit Kerzen geschmückten Kranz auf dem Kopf bringen Helligkeit in den winterdunklen Norden. Traditionell gibt es an diesem Tag auch ein besonderes Hefegebäck in verschiedenen Formen, das durch Safran besonders hellgelb glänzt. Dazu wird meist Glögg, der nordische Glühwein, getrunken.

An Heiligabend wird das Julbord serviert, ein besonders üppiges Buffet mit Weihnachtsschinken, eingelegten Heringen, gebeiztem Lachs und anderen Fischspezialitäten. Zum typischen Weihnachtsessen gehört auch ein süßer Milchreis, oft mit einer Mandel bestückt, die dem Finder Glück bringen soll. Ein kleines Schälchen davon wird auch für die Wichtel, die heimlich im Haus helfen, vor die Türe gestellt, denn an Weihnachten sollen auch die guten Geister keinen Hunger leiden.

ITALIEN

Nicht umsonst gilt die italienische Küche als eine der beliebtesten und die Regionen des Landes haben viele verschiedene mediterrane Leckereien zu bieten. Ob Amaretti und Cantuccini, sizilianischer Mandelkuchen, selbst gemachte Pasta oder Pesto-Variationen – hier findet man für jeden Geschmack eine feine kulinarische Überraschung.

Doch trotz aller regionalen Unterschiede, eines findet man überall: den Panettone. Was in Deutschland der Stollen, ist für Italien die Mailänder Spezialität. Der Hefekuchen mit Rosinen und kandierten Früchten wird traditionell als Nachtisch beim üppigen weihnachtlichen Festessen serviert, das am 25. Dezember stattfindet.

Haben Sie Lust bekommen, die eine oder andere Spezialität auszuprobieren? Dann wünschen wir gutes Gelingen und viel Freude beim Zubereiten und Verschenken. Und natürlich auch, wenn Sie die weihnachtlichen Köstlichkeiten selbst genießen.

Deutschland

Fröhliche Weihnacht!

ALLE JAHRE WIEDER: TRADITIONELLER STOLLEN UND VOR ALLEM EINE GROSSE PLÄTZCHENVIELFALT VERSÜSSEN DIE ADVENTSZEIT UND SIND HEISS BEGEHRTE MITBRINGSEL.

Stollen-Törtchen
fein gefüllt

DIE KLEINEN TÖRTCHEN AUS KLASSISCHEM STOLLENTEIG WERDEN HIER MIT DATTELN UND FEIGEN ODER MIT WALNUSS-MARZIPAN GEFÜLLT.

Für ca. 15 Stück (ca. 7 cm Ø)

500 g Mehl

1 Würfel Hefe (42 g)

100 g Zucker

175 ml lauwarme Milch

1 Päckchen Vanillezucker

je 1 Prise Salz, gem. Muskatblüte und Kardamom

125 g weiche Butter

75 g gehackte Mandeln

75 g Rosinen

4 EL Rum

100 g getr. Datteln

75 g getr. Feigen

1 Bio-Zitrone

½ EL Lebkuchengewürz

75 g Butter

Puderzucker zum Bestäuben

Zeitbedarf

· 30 Minuten +
  2 Stunden gehen +
  ca. 35 Minuten backen

So geht's

1. Das Mehl in eine Schüssel geben, in die Mitte die Hefe bröckeln. Mit 1 EL Zucker, Milch und wenig Mehl vom Rand glatt rühren. Abgedeckt 20 Minuten gehen lassen.

2. Restlichen Zucker, Vanillezucker, Gewürze und Butter zufügen. Mit den Knethaken des Handrührgeräts gründlich vermischen. Dann von Hand 2–3 Minuten durchkneten. Abdecken und nochmals 50 Minuten gehen lassen.

3. In der Zwischenzeit Mandeln und Rosinen mit Rum übergießen und durchziehen lassen. Datteln und Feigen fein hacken, mit der abgeriebenen Schale der Zitrone, Lebkuchengewürz und 3–4 EL Zitronensaft vermischen, ebenfalls durchziehen lassen.

4. Den Teig aus der Schüssel nehmen, Mandeln und Rosinen unterkneten. Den Teig in ca. 15 Portionen teilen. Kleine Förmchen (auch Gläser oder Muffinblech) ausfetten oder mit Backpapier auslegen. Jede Teigportion halbieren, eine Hälfte in das Förmchen drücken, etwas von der Füllung darauf verteilen und die zweite Hälfte darüberlegen. Abgedeckt weitere 30 Minuten gehen lassen.

5. Den Backofen auf 180 °C (Umluft 160 °C) vorheizen. Die Butter schmelzen und die Törtchen damit bepinseln. Ca. 35 Minuten backen. Noch heiß mit der restlichen Butter bestreichen und dick mit Puderzucker bestäuben. Aus der Form lösen, auf einem Kuchengitter vollständig abkühlen lassen. Anschließend einzeln in Folie verpacken, damit die Törtchen gut durchziehen können. Sie sind 3–4 Wochen haltbar.

WALNUSS-MARZIPAN-FÜLLUNG 150 g Walnüsse fein mahlen, mit 100 g Puderzucker vermischen. Mit 4–5 EL Rosenwasser (Apotheke) zügig zu einer weichen Masse verkneten.

für Anna

Zedernbrot
mit Zitronenglasur

WEICHER KERN UND KNUSPRIGE OBERFLÄCHE MIT GLASUR: BEI DIESEN FEINEN MANDELPLÄTZCHEN KANN KEINER WIDERSTEHEN!

Zutaten für ca. 50 Stück

300 g Mandeln

2 Eiweiß (Größe M)

1 kleine Prise Salz

2 EL Zitronensaft

250 g Zucker

Für die Glasur

125 g Puderzucker

3 – 4 EL Zitronensaft

Zeitbedarf

· 50 Minuten +
  2 Stunden kühlen +
  ca. 15 Minuten backen

So geht's

1. Die Mandeln in kochendes Wasser geben, einmal aufkochen lassen, in ein Sieb abgießen und mit kaltem Wasser abschrecken. Die Haut abziehen. Die Mandeln zwischen 2 Küchentüchern trocknen.

2. Die Eiweiße mit Salz sehr steif schlagen. 1 EL Zitronensaft unterschlagen. Den Zucker löffelweise nach und nach zugeben, dabei ständig weiterschlagen. 1 weiteren EL Zitronensaft zufügen.

3. Die Mandeln sehr fein mahlen. Die Eiweißmasse bis auf 2 – 3 EL unter die Mandeln arbeiten. Nur so viel von dem restlichen Eiweiß unter den Teig kneten, bis dieser so fest wird, dass man ihn ausrollen kann. Den Teig für 2 Stunden im Kühlschrank ruhen lassen.

4. Den Backofen auf 160 °C (Umluft 140 °C) vorheizen. Die Arbeitsfläche mit Zucker bestreuen. Den Teig darauf knapp fingerdick ausrollen. Mit einem runden Förmchen ausstechen, die Form dabei immer so ansetzen, dass Halbmonde entstehen. Auf ein mit Backpapier belegtes Blech legen und in 12 – 15 Minuten hell backen.

5. Die Plätzchen abkühlen lassen. Für die Glasur den Puderzucker mit so viel Zitronensaft glatt rühren, dass ein dickflüssiger Guss entsteht. Mit einem Küchenmesser auf die Monde streichen, gut trocknen lassen. Dann in fest schließende Dosen verpacken, damit das Zedernbrot weich bleibt. An einem kühlen Ort aufbewahrt 3 – 4 Wochen haltbar.

Spekulatius
mit Knuspermandeln

DAS TRADITIONELLE FEINWÜRZIGE GEBÄCK HAT SEINEN NAMEN DEM „SPEKULATOR", DEM BISCHOF ALS OBERSTEM AUFSEHER, ZU VERDANKEN.

Zutaten für ca. 60 Stück

175 kalte Butter

300 g Weizen- oder Dinkel-Vollkornmehl

50 g gem. Mandeln

125 g Rohrohrzucker oder Mascobado

3 EL Milch oder Sahne

¼ TL gem. Kardamom

je 1 gute Prise. gem. Zimt, Nelken und Piment

100 g Mandelblättchen

Zeitbedarf
- 50 Minuten +
  1 Stunde kühlen +
  12 – 15 Minuten backen

So geht's

1. Die Butter in kleine Stücke schneiden. Zusammen mit dem Mehl, Mandeln und Zucker auf die Arbeitsfläche häufen. Milch oder Sahne darüberträufeln. Die Gewürze dazugeben. Alles mit einem großen Messer gut durchhacken und anschließend mit den Händen rasch zu einem festen Teig verkneten. In Folie gewickelt mindestens 1 Stunde im Kühlschrank ruhen lassen.

2. Den Backofen auf 180 °C (Umluft 160 °C) vorheizen. Den Teig in 2 Portionen auf wenig Mehl gut ½ cm dick ausrollen. Dann die Arbeitsfläche dicht mit den Mandelblättchen bestreuen und den Teig darauf 3 – 4 mm dick ausrollen. Verschiedene Formen ausstechen (wegen der Mandelblättchen sollten es Ausstechförmchen aus Metall sein) oder mit einem großen Messer eckige Plätzchen schneiden.

3. Die Plätzchen mit der Mandelseite nach oben auf ein mit Backpapier belegtes Blech legen und in ca. 12 Minuten goldbraun backen. Die Spekulatius gut auskühlen lassen, dann zwischen Lagen von Butterbrotpapier in fest schließende Dosen verpacken. Sie sind 4 – 5 Wochen haltbar.

MEHLSORTEN Die Spekulatius können auch mit normalem Weizen- oder Dinkelmehl zubereitet werden. Der Teig braucht dann allerdings etwas weniger Flüssigkeit.

Schoko-Brezeln
mit Haselnüssen

FÜRS FORMEN MUSS MAN SICH EIN BISSCHEN ZEIT NEHMEN, DOCH DANN SIND DIE BREZELN OPTISCH UND GESCHMACKLICH EIN GENUSS!

Zutaten für ca. 70 Stück

350 g Mehl

100 g Zucker

75 g gem. Haselnüsse

50 g Kakao

1 Prise Salz

je 1 gute Prise gem. Zimt und Nelken

1 Ei (Größe M)

250 g weiche Butter

evtl. 100 g dunkle Kuvertüre

Zeitbedarf

• 40 Minuten +
  ca. 1 Stunde kühlen +
  ca. 15 Minuten backen

So geht's

1. Mehl, Zucker, Nüsse, Kakao, Salz und Gewürze auf die Arbeitsfläche häufen. Das Ei in die Mitte setzen, die Butter in kleine Stücke schneiden und rundum setzen. Mit einem großen Messer gut durchhacken, dann mit den Händen rasch zu einem Mürbeteig verkneten. In 4 Stücke teilen und jeweils Rollen mit 3 cm Ø formen. Mit Folie abdecken und mindestens 1 Stunde kalt stellen.

2. Die Rollen in gut fingerdicke Scheiben schneiden, je ca. 18 cm lange Würstchen rollen, zu Brezeln formen und auf ein mit Backpapier belegtes Blech legen. Nochmals kurz kalt stellen, damit sie beim Backen nicht zu sehr auseinanderlaufen.

3. Den Backofen auf 180 °C (Umluft 160 °C) vorheizen. Die Brezeln 12 – 15 Minuten backen. Auf einem Kuchengitter abkühlen lassen. Nach Belieben mit Schokolade verzieren. Dafür die klein gehackte Kuvertüre im Wasserbad schmelzen und die Brezeln zur Hälfte eintauchen. Gut verpackt 3 – 4 Wochen haltbar.

Die Variante

Gefüllte Schokoherzen
Den Teig knapp ½ cm dick ausrollen, Herzen ausstechen und wie die Brezeln backen. 150 g Marzipanrohmasse mit 100 g Puderzucker und einem winzigen Schuss Mandellikör verkneten. Auf Puderzucker ½ cm dick ausrollen und kleinere Herzen als zuvor ausstechen. Jeweils ein Marzipanherz mit etwas Aprikosenkonfitüre auf ein Schokoherz kleben. Trocknen lassen, dann in geschmolzene dunkle Kuvertüre (ca. 250 g) tauchen.

Dominosteine
klassisch gut

EIN AUFWAND, DER SICH LOHNT: LOCKERER LEBKUCHENTEIG, GESCHICHTET MIT MARZIPAN UND FRUCHTGELEE, UMHÜLLT VON FEINER SCHOKOLADE.

Zutaten für ca. 60 Stück

60 g Honig

60 g brauner Zucker

35 g Butter

175 g Mehl

2 Eier (Größe M)

1 Msp. Pottasche

½ TL Hirschhornsalz

2 EL Rum

1 gestr. EL Lebkuchengewürz

Für Füllung und Glasur

200 g Marzipanrohmasse

etwas Puderzucker

300 g Sauerkirsch- oder Johannisbeergelee

200 g Zucker

⅛ l Wasser

150 g Zartbitterschokolade

Zeitbedarf
• 70 Minuten +
  20-25 Minuten backen

So geht's

1. Honig, Zucker und Butter erhitzen und rühren, bis sich alles gut verbunden hat. Ein wenig abkühlen lassen, dann Mehl und Eier zufügen. Pottasche und Hirschhornsalz im Rum auflösen, zusammen mit dem Lebkuchengewürz dazugeben und alles mit den Schneebesen des Handrührgeräts gründlich unterrühren.

2. Den Backofen auf 180 °C (Umluft 160 °C) vorheizen. Eine Back- oder Auflaufform (16 x 16 oder 12 x 20 cm) mit Backpapier auslegen. Den Teig einfüllen und möglichst glatt streichen. Im heißen Ofen 20–25 Minuten backen. Die Teigplatte abkühlen lassen, dann einmal quer durchschneiden.

3. Die Marzipanrohmasse auf etwas Puderzucker in der Größe der Teigplatte ausrollen. Eine Teigplatte zuerst mit der Hälfte des Gelees bestreichen. Die Marzipanplatte auflegen und festdrücken. Das restliche Gelee darauf verstreichen. Mit der zweiten Teighälfte abdecken und leicht andrücken.Dann in ca. 2 cm große Würfel schneiden.

4. Für die Glasur Zucker, Wasser und die klein gehackte Schokolade unter Rühren erhitzen und 5 Minuten sprudelnd kochen lassen. Die Glasur im heißen Wasserbad flüssig halten, da sie schnell fest wird. Die Würfel mithilfe einer langzinkigen Gabel eintauchen, auf Folie setzen und trocknen lassen. Kühl aufbewahrt sind die Dominosteine 2–3 Wochen haltbar.

SO SCHMECKT'S AUCH Für die Glasur kann man auch ca. 400 g Zartbitterkuvertüre oder Schokoladenglasur verwenden (über einem heißen Wasserbad schmelzen). Um die Steine zu verzieren, ca. 50 g weiße Kuvertüre schmelzen und in einen kleinen Spritzbeutel füllen.

Katzenzungen
mit Mandelcreme

IN EINER SCHÖNEN SCHACHTEL VERPACKT, SIND DIESE FEIN GEFÜLLTEN STÄBCHEN EIN GESCHENK, DAS SICHER GUT ANKOMMT.

Zutaten für ca. 50 Stück

175 g weiche Butter

150 g Zucker

1 Päckchen Vanillezucker

1 kleine Prise Salz

2 Eiweiß (Größe M)

abger. Schale von ½ Bio-Zitrone

200 g Mehl

Für die Füllung

2 EL Kakao

2 EL Puderzucker

3 EL Mandelmus (Reformhaus)

1 EL Rum oder Mandellikör

So geht's

1. Die Butter mit den Schneebesen des Handrührgeräts schaumig rühren. Zucker, Vanillezucker, Salz, Eiweiße und Zitronenschale dazugeben. Zu einer hellen Creme schlagen. Das Mehl darübersieben und unterheben.

2. Den Backofen auf 180 °C (Umluft 160 °) vorheizen. Den Teig in einen Spritzbeutel mit großer Lochtülle (6 mm Ø) füllen. Daumengroße Stäbchen mit etwas dickeren Enden auf ein mit Backpapier belegtes Blech spritzen. Dabei etwas Abstand halten, da die Katzenzungen beim Backen etwas auseinanderlaufen. Im heißen Ofen in 10–12 Minuten goldbraun backen. Abkühlen lassen.

3. Für die Füllung Kakao, Puderzucker und das Mandelmus mit dem Alkohol gut verrühren. Jeweils 2 Katzenzungen mit der Creme füllen und zusammensetzen. In Dosen verpackt sind sie 2–3 Wochen haltbar.

Die Variante

Makronen-Stäbchen
Dafür 3 Eiweiße mit 1 Prise Salz sehr steif schlagen, 210 g Puderzucker nach und nach unterschlagen, 125 g gemahlene Mandeln oder Haselnüsse und 100 g geriebene dunkle Schokolade unterheben. 4 cm lange Stäbchen aufs Blech spritzen und bei 150 °C (Umluft 130 °C) ca. 15 Minuten backen. Wie die Katzenzungen mit Creme füllen. Ergibt ca. 50 Stück.

Zeitbedarf
• 40 Minuten +
  10–12 Minuten backen

SO SCHMECKT'S AUCH Man kann die Katzenzungen auch mit fertig gekauftem, leicht erwärmtem Nougat füllen und mit den Enden in geschmolzene Kuvertüre tauchen.

DAS IST *wirklich* WICHTIG

[a] **DIE STÄBCHEN** jeweils zu einem Viertel in geschmolzene Kuvertüre tauchen und dann gleich in die ausgestochenen Kuchenstücke stecken. Auf eine große Platte legen und kalt stellen, damit die Stäbchen fest in den Pops sitzen.

Frohes Fest

Cake-Pops
mit Schokoglasur

EIN SCHOKOLADEN-NUSS-KUCHEN IST DIE GRUNDLAGE FÜR DIE BELIEBTEN KUCHEN-LOLLIS, DIE ALS KLEINES MITBRINGSEL PERFEKT GEEIGNET SIND.

Für ca. 24 – 30 Cake-Pops

200 g Zartbitterschokolade

200 g Haselnüsse oder Mandeln

200 g weiche Butter

200 g Zucker

6 Eier (Größe M)

125 g Mehl

2 geh. TL Backpulver

1 gestr. TL gem. Zimt

1 gute Prise gem. Nelken und Piment

1 Prise Salz

4 EL Rum

400 g Kuvertüre (hell oder dunkel)

Liebesperlen, Streusel etc. zum Verzieren

ca. 30 Holzstäbchen

Zeitbedarf

• 50 Minuten +
50 – 60 Minuten backen +
12 Stunden ruhen

So geht's

1. Die Schokolade zusammen mit den Haselnüssen oder Mandeln fein mahlen. Die Butter cremig rühren, Zucker und Eier dazugeben, alles zu einer hellen Creme schlagen. Mehl, Backpulver, Gewürze und Rum zufügen und unterrühren. Die Schoko-Nuss-Mischung unterziehen.

2. Den Backofen auf 180 °C (Umluft 160 °C) vorheizen. Eine Kastenform (28 cm Länge) mit Backpapier auslegen. Den Teig einfüllen, glatt streichen und 50 – 60 Minuten backen. Den Kuchen etwas ausgekühlt aus der Form stürzen und mindestens 12 Stunden ruhen lassen.

3. Den Kuchen in gut fingerdicke Scheiben schneiden. Pro Scheibe 2–3 Weihnachtsmotive ausstechen, auf Stäbchen stecken [→a] und kalt stellen. Die Kuchenreste für die Kugel-Pops (Variante) beiseitestellen.

4. Die Pops in geschmolzene Kuvertüre tauchen, überschüssige Schokolade gut abtropfen lassen. Nach Belieben mit Liebesperlen, Krokantstreuseln etc. verzieren. Zum Trocknen in Gläser stellen oder in Steckschwämme (aus dem Blumenladen) stecken. Die Pops sind gut verpackt 2 – 3 Wochen haltbar.

Die Variante

Kugel-Pops
Ca. 500 g Kuchenreste zerbröseln und mit 75 g cremig gerührter Butter, 200 g Frischkäse und 125 g Puderzucker gut verkneten. Mit 1 gestr. TL Lebkuchengewürz und evtl. 1 EL Rum oder Nusslikör kräftig würzen. Aus der Masse mit angefeuchteten Händen walnussgroße Kugeln formen. Holzstäbchen mit der Spitze in geschmolzene Kuvertüre tauchen und in die Kugeln stecken. Zum Festwerden kurz kalt stellen. Die Kugel-Pops anschließend in die geschmolzene Kuvertüre (ca. 400 g) tauchen und dick damit überziehen. Ergibt ca. 30 Stück.

Gewürz-Lebkuchen
mit Nüssen & Schokolade

WENN DIESE WÜRZIG-SAFTIGEN LEBKUCHEN IM BACKOFEN SIND, VERBREITET SICH IM GANZEN HAUS WEIHNACHTLICHER DUFT!

Zutaten für ca. 24 Stück

200 g Mandeln oder Haselnüsse

50 g gewürfeltes Zitronat oder Orangeat

50 g dunkle Schokolade

je ½ TL gem. Nelken, Piment und Muskatblüte

1 gestr. TL gem. Zimt

2 Eiweiß (Größe M)

200 g Puderzucker

ca. 20 Oblaten (6–8 cm Ø)

Für die Glasur

150 g Puderzucker

2–3 EL Wasser oder Rum

Zeitbedarf

• 20 Minuten +
 2–3 Stunden trocknen +
 20 Minuten backen

So geht's

1. Mandeln oder Haselnüsse zusammen mit Zitronat oder Orangeat und Schokolade in der Küchenmaschine fein mahlen. Mit den Gewürzen vermischen.

2. Die Eiweiße mit Puderzucker mit den Schneebesen des Handrührgeräts in ca. 3–4 Minuten zu einer hellen schaumigen Creme schlagen. Die Nussmischung mit einem breiten Spatel sorgfältig unterheben.

3. Die Masse esslöffelweise auf die Oblaten setzen und gleichmäßig darauf verteilen. Auf ein mit Backpapier belegtes Blech setzen und bei Zimmertemperatur 2–3 Stunden trocknen lassen. Den Backofen auf 150 °C (Umluft 130 °C) vorheizen. Die Lebkuchen ca. 20 Minuten backen. Auf ein Kuchengitter setzen und abkühlen lassen.

4. Für die Glasur den Puderzucker mit so viel Wasser glatt rühren, dass ein dickflüssiger Guss entsteht. Die Lebkuchen damit überziehen. In Dosen verpackt sind sie 3–4 Wochen haltbar.

Die Variante

Elisenlebkuchen

150 g Haselnüsse, 75 g Mandeln, 50 g Orangeat, 50 g getrocknete Ananas und 50 g dunkle Schokolade mischen und in der Küchenmaschine fein hacken. Mit 1 gestr. EL Speisestärke, 180 g braunem Zucker, 1 EL Rum und 2 gut verquirlten Eiern vermischen. Auf ca. 16 Oblaten (8 cm Ø) verstreichen und 2 Stunden trocknen lassen. Bei 180 °C (Umluft 160 °C) ca. 20 Minuten backen. Die Lebkuchen mit 200 g geschmolzener Kuvertüre überziehen, so bleiben sie länger saftig.

SO SCHMECKT'S AUCH Statt der einzelnen Gewürze kann man auch 2 gestr. EL fertig gemischtes Lebkuchengewürz verwenden.

Apfelgelee
mit Ingwer & Zitronengras

DIE EXOTISCHEN GEWÜRZE BRINGEN EINE FRISCHE UND DURCH DEN INGWER LEICHT SCHARFE NOTE IN DAS FRUCHTGELEE.

Zutaten für 4 Gläser à 250 ml

1,5 kg säuerliche Äpfel

500 ml Wasser

50 g Zucker

1 Bio-Zitrone

75 g frischer Ingwer

1 Stängel Zitronengras

500 g Gelierzucker 2:1

2 – 3 EL Apfelbrand

Zeitbedarf

· 45 Minuten +
  1 Stunde Saft abtropfen

So geht's

1. Die Äpfel waschen, vierteln, Stiele und Blütenansätze entfernen. Mit Wasser, Zucker und der in Viertel geschnittenen Zitrone zum Kochen bringen. Bei milder Hitze so lange köcheln lassen, bis die Äpfel zerfallen sind. Den Saft durch ein Tuch oder ein Spitzsieb ablaufen lassen.

2. Den Ingwer schälen und in feine Streifen oder Würfelchen schneiden. Vom Zitronengras die festen Außenblätter entfernen, den weichen inneren Teil in feine Ringe schneiden.

3. 900 ml des Saftes abmessen und mit dem Gelierzucker verrühren, Ingwer und Zitronengras dazugeben, erhitzen und 4 – 5 Minuten köcheln lassen. Das Gelee in heiß ausgespülte Gläser füllen, ein wenig abkühlen lassen. Die Oberfläche mit dem Apfelbrand beträufeln. Die Gläser verschließen und zum Abkühlen auf den Kopf stellen. Das Gelee ist ungeöffnet mehrere Monate haltbar. Angebrochene Gläser im Kühlschrank aufbewahren.

Die Variante

Apfelgelee mit Thymian
Dafür 1,5 kg Äpfel wie im Rezept beschrieben mit 2 EL Zucker und 500 ml Wasser weich kochen. Den Saft ablaufen lassen, 900 ml abmessen und mit 500 g Gelierzucker 2:1 verrühren. 5 Minuten köcheln lassen, dann 1 EL frische oder 1 gestr. EL getrocknete Thymianblättchen und die abgeriebene Schale von 1 Bio-Zitrone einrühren. Das Gelee abfüllen, etwas abkühlen lassen und die Oberfläche mit etwas Wodka beträufeln. Die Gläser verschließen und kopfüber gestellt abkühlen lassen.

SO SCHMECKT'S AUCH Das Gelee lässt sich auch mit einem guten ungesüßten naturtrüben Apfelsaft aus der Flasche zubereiten.

Teelikör
mit Orange & Vanille

SCHMECKT NICHT NUR ZUM KAFFEEKLATSCH. MAN KANN DAMIT AUCH TORTENBÖDEN TRÄNKEN UND DESSERTS ODER DRINKS PARFÜMIEREN.

Zutaten für ca. 0,7 l Likör

1 Bio-Orange

1 Vanilleschote

½ Zimtstange

30 g Assam-Teeblätter

400 ml milder Weinbrand

⅛ l abgekochtes kaltes Wasser

225 g brauner Kandiszucker

⅛ l Wasser

Zeitbedarf
• 20 Minuten +
  2 Wochen ziehen

So geht's

1. Die Orange heiß waschen und abtrocknen. Die Schale mit einem Sparschäler möglichst dünn abschälen und in Streifen schneiden. Die Vanilleschote längs aufschlitzen, das Mark herausschaben.

2. In ein großes Schraubverschlussglas die Orangenschale, Vanillemark und -schote, die Zimtstange und die Teeblätter geben. Mit ⅛ l Weinbrand und ⅛ l abgekochtem Wasser auffüllen. Das Glas verschließen und kräftig durchschütteln. 1 Woche ziehen lassen, dabei jeden Tag einmal gut schütteln.

3. Den Kandiszucker mit dem Wasser erhitzen. Sprudelnd kochen lassen, bis sich der Zucker vollkommen aufgelöst hat. Abkühlen lassen. Den Teeansatz durch ein feines Haarsieb abgießen, abmessen und eventuell mit etwas kaltem abgekochtem Wasser auf ¼ l auffüllen.

4. Den Teeansatz, die Zuckerlösung und den restlichen Weinbrand zurück in das große Schraubverschlussglas füllen. Gut durchschütteln. Nochmals 1 Woche durchziehen lassen, dabei immer wieder gut schütteln. In heiß ausgespülte Flaschen abgefüllt und gut verschlossen hält sich der Likör mehrere Monate.

Gewürzsalz
feine Variationen

DIE RAFFINIERTEN MISCHUNGEN LASSEN SICH MIT STEINSALZ ODER MEERSALZ HERSTELLEN. WICHTIG IST, DAS SALZ MÖGLICHST TROCKEN ABZUFÜLLEN. UM DIE ENERGIE BESSER AUSZUNUTZEN, GLEICH GRÖSSERE MENGEN ODER MEHRERE MISCHUNGEN GLEICHZEITIG TROCKNEN.

SELLERIESALZ

Ein Stück Sellerie (ca. 350 g) schälen und in grobe Würfel schneiden. Zusammen mit 150 g Salz fein zerkleinern. Die feuchte Masse auf Backpapier verteilen und im 50 °C heißen Ofen bei geöffneter Backofentüre in 6 – 8 Stunden trocknen lassen. Anschließend im Mixer oder elektrischen Blitzhacker fein mahlen. Kann überall da, wo man normales Salz nehmen würde, verwendet werden.

Mahlt man das getrocknete Selleriesalz zusammen mit 4 TL weißen Pfefferkörnern, 15 Lorbeerblättern und 15 Nelken, ist es ideal für die Zubereitung von Suppen, Saucen und Schmorgerichten.

TOMATENSALZ

50 g getrocknete Tomaten grob hacken. Zusammen mit 50 g Salz und 25 g geschälten Mandeln fein mahlen. Bei 50 °C mehrere Stunden im Backofen trocknen lassen. Anschließend nochmals fein mahlen.

Zum Würzen von Salaten, Gemüsegerichten, Grillsaucen und pikanten Quark-Dips.

HIBISKUSSALZ

100 g Salz mit 15 g Hibiskusblüten (aus dem Teeladen), 5 Kardamomkapseln und 1 TL Korianderkörnern fein mahlen.

Schmeckt zu Wildgerichten, asiatischen Gerichten oder Ziegenkäse.

ORANGENSALZ

2 Bio-Orangen dünn schälen und die Schale mehrere Tage trocknen lassen, bis sie sich ganz leicht zerbrechen lässt. Dann mit 50 g Salz fein mahlen.

Ideal zum Würzen von Fischgerichten, Salatsaucen oder Dips.

Für asiatische Gerichte lässt sich dieses Salz abwandeln, indem man 20 g Sesamsaat, 8 weiße Pfefferkörner und 1 gestr. TL Zitronengraspulver mitmixt.

BASILIKUMSALZ

50 g Salz mit den abgezupften Blättern von 2 Bund Basilikum fein zerkleinern. Bei 50 °C im Backofen ca. 10 Stunden trocknen lassen, dann fein mahlen.

Passt zu mediterranen Gerichten, zum Würzen von Salaten, Grillmarinaden oder Dips.

Hibiskus

Mettwurst
mit Rotwein

DIE WÜRZIGE HAUSGEMACHTE WURST GELINGT AUCH ANFÄNGERN. SIE IST SCHNELL ZUBEREITET, NUR DAS EINKOCHEN BRAUCHT ETWAS ZEIT.

Zutaten für 4 Gläser à 220 ml

300 g mageres Schweinefleisch

300 g frischer Schweinebauch (nicht geräuchert)

weißer Pfeffer aus der Mühle

1 gestr. TL Fenchelsamen

je 1 gute Teelöffelspitze gem. Nelken, Muskatblüte und Piment

Salz

60 ml Rotwein (z. B. Merlot)

200 g Crème fraîche

etwas Muskatnuss

6 Lorbeerblätter

1 TL Pfefferkörner

Zeitbedarf

• 30 Minuten +
  1 Stunde kühlen +
  2 Stunden einkochen

So geht's

1. Fleisch und Schweinebauch durch die feine Scheibe des Fleischwolfs drehen (oder vom Metzger durchdrehen lassen) und in einer großen Schüssel mit ca. ¼ TL frisch gemahlenem weißem Pfeffer überstreuen. Den Fenchelsamen grob zerstoßen und dazugeben. Nelken, Muskatblüte, Piment und 1 gestr. TL Salz zufügen und alles gründlich vermischen (am besten mit der Hand kräftig durchkneten). Mit Folie abdecken und 1 Stunde im Kühlschrank durchziehen lassen.

2. Den Backofen auf 100 °C (Umluft 80 °) vorheizen. Den Rotwein und die Crème fraîche unter den Fleischteig kneten, bis er geschmeidig ist. Mit Salz, frisch geriebener Muskatnuss und Pfeffer kräftig abschmecken. Wer die rohe Wurstmasse nicht abschmecken will, formt ein walnussgroßes Klößchen und lässt es in kochendem Wasser ca. 10 Minuten gar ziehen.

3. Die Wurstmasse in die heiß ausgespülten Gläser füllen. Am besten sogenannte „Sturzgläser" verwenden, die nach oben hin etwas weiter werden, denn daraus lässt sich die Wurst problemlos auf einen Teller stürzen. Lorbeerblätter und Pfefferkörner auf die Oberfläche legen. Die Gläser verschließen und in die Fettpfanne oder in ein hohes Blech stellen.

4. Das Blech in den heißen Backofen schieben und kochendes Wasser bis knapp unter den Blechrand einfüllen. Die Wurst in 2 Stunden einkochen. Anschließend abkühlen lassen, dann kalt stellen. Die Wurst ist ungeöffnet und kühl gelagert mehrere Wochen haltbar. Angebrochene Gläser im Kühlschrank aufbewahren.

Rote-Bete-Konfitüre

fruchtig & würzig

DAS KLASSISCHE WINTERGEMÜSE HIER MAL GANZ ANDERS: ALS KONFITÜRE ZU GEKOCHTEM SCHINKEN ODER REIFEM BLAUSCHIMMELKÄSE.

Für 5 Gläser à 220 ml

2 kleinere Rote Bete (ca. 350 g)

Salz

etwas Kümmel

½ l Rote-Bete-Saft

350 g Gelierzucker 2:1

3–4 EL Zitronensaft

Cayennepfeffer

5 Blatt weiße Gelatine

2 EL Wodka oder Korn

Zeitbedarf
• 45 Minuten

So geht's

1. Die Rote Bete in leicht gesalzenem Wasser mit etwas Kümmel weich kochen. Kalt abschrecken, schälen und in kleine Würfel schneiden.

2. Den Saft in einem Topf mit Gelierzucker vermischen, erhitzen und 3–4 Minuten sprudelnd kochen lassen. Die Rote-Bete-Würfel einrühren, mit Zitronensaft, Salz und Cayennepfeffer kräftig abschmecken. Nochmals kurz aufkochen lassen, dann vom Herd nehmen.

3. Die Gelatine in kaltem Wasser einweichen. Blatt für Blatt in die heiße Konfitüre rühren und darin auflösen. In heiß ausgespülte Gläser füllen, die Oberfläche mit etwas Alkohol beträufeln. Die Gläser verschließen und auf den Kopf gestellt abkühlen lassen. Die Konfitüre ist 5–6 Monate haltbar. Angebrochene Gläser im Kühlschrank aufbewahren.

Die Variante

Rote-Bete-Konfitüre mit Ingwer
50 g frischen Ingwer und 3 Knoblauchzehen schälen, fein hacken. Mit den Rote-Bete-Würfeln zum heißen Saft geben. Mit Salz, Pfeffer aus der Mühle, einer guten Prise Kreuzkümmel und etwas Zitronensaft abschmecken. Heiß in Gläser füllen. Probieren Sie auch weitere Gewürzvarianten aus: z. B. je 1 TL Koriander- und Senfkörner oder eine kleine Zimtstange und 2–3 Sternanis in einem Mull-Säckchen eingebunden mitkochen lassen.

SO SCHMECKT'S AUCH Ganz schnell zubereitet ist die Konfitüre, wenn man gekochte und vakuumierte Rote Bete verwendet. Es gibt sie, ebenso wie den Saft (den man auch selbst aus rohen Knollen frisch entsaften kann), in Bio-Qualität im Reformhaus oder Supermarkt.

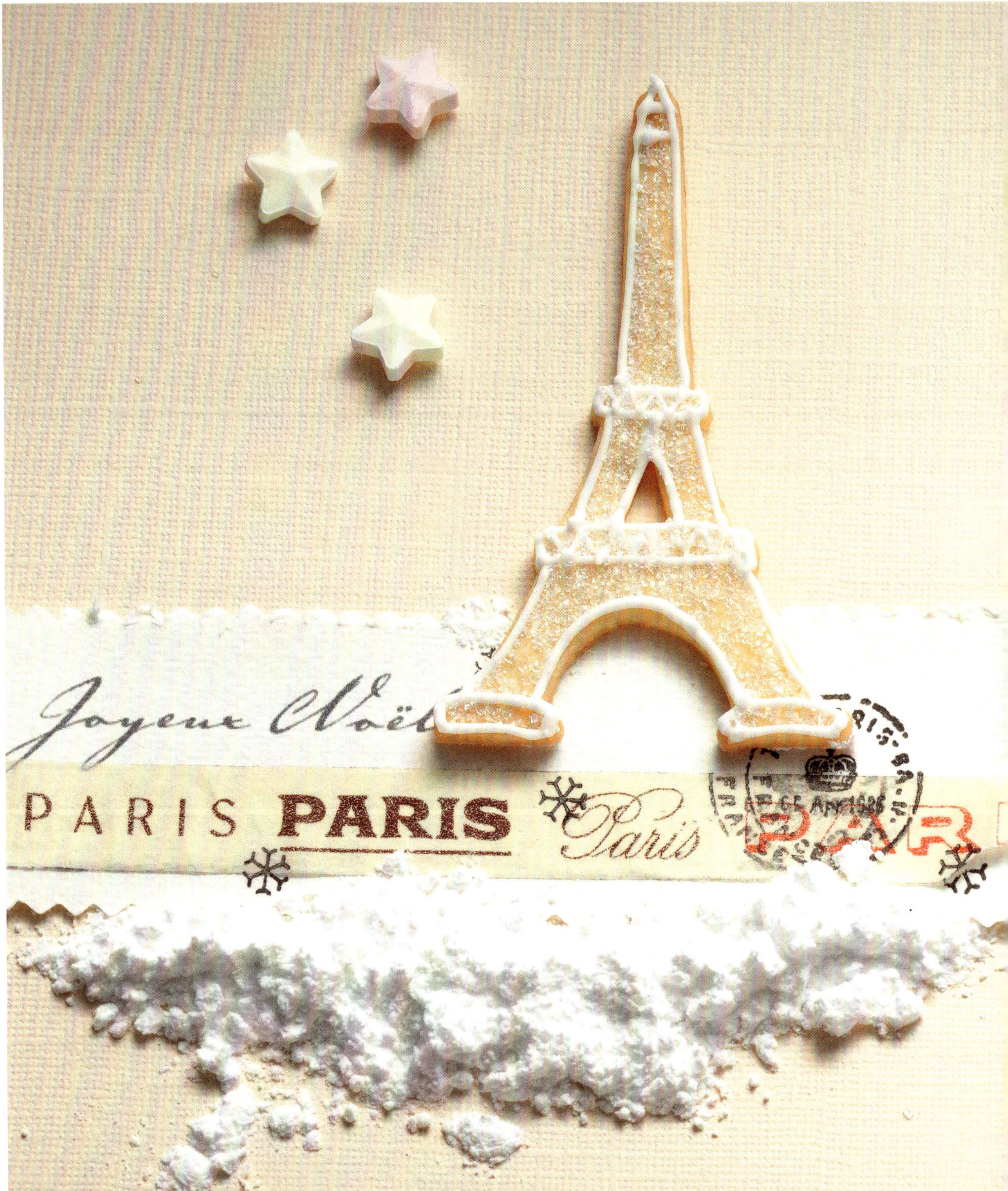
Joyeux Noël
PARIS PARIS Paris

Frankreich

Joyeux Noël!

GÄNSE-RILLETTES, COGNAC-TRÜFFEL, MACARONS: DAS
SIND NUR EINIGE DER FEINEN KÖSTLICHKEITEN, DIE DAS
HERZ JEDES FEINSCHMECKERS HÖHER SCHLAGEN LASSEN.

Trüffelvariationen
feinster Schokoladengenuss

DIE TRÜFFELMASSE, DIE JEWEILS 25 – 30 STÜCK ERGIBT, LÄSST SICH VIELFÄLTIG AROMATISIEREN. TRÜFFEL SCHMECKEN FRISCH AM BESTEN. KÜHL AUFBEWAHRT SIND SIE 1 WOCHE HALTBAR.

KOKOS-TRÜFFEL

100 ml Sahne aufkochen, 3 EL Kokoslikör, 75 g Butter und 300 g grob gehackte weiße Kuvertüre einrühren und darin schmelzen. 2 – 3 Stunden abkühlen lassen, dann für 2 Stunden kalt stellen. Kirschgroße Kugeln mit einem Teelöffel abstechen und auf eine Platte mit 125 – 150 g Kokosraspeln setzen. Zu Kugeln rollen, anschließend nochmals in den Kokosraspeln wälzen.

COGNAC-TRÜFFEL

100 ml Sahne einmal aufkochen lassen, 200 g grob gehackte Zartbitter-Schokolade einrühren und darin auflösen. Etwas abkühlen lassen, dann 3 EL Cognac, 1 gehäuften EL Puderzucker und 1 EL Butter unterrühren. Bei Zimmertemperatur ca. 1 Stunde abkühlen lassen. Mit den Schneebesen des Handrührgeräts aufschlagen, bis die Masse cremig ist. In einen Spritzbeutel mit großer Zackentülle füllen und kleine Tupfen in Konfekthütchen (am besten aus Stanniol) spritzen.

MOKKA-TRÜFFEL

100 ml Sahne aufkochen, vom Herd nehmen und 2 EL Instantkaffee oder 3 EL sehr starken Espresso einrühren. Je 100 g Bitter- und Vollmilchschokolade grob zerkleinern und in der warmen Sahne auflösen. Abkühlen lassen, dann für 2 – 3 Stunden kalt stellen. Mit einem Teelöffel kleine Portionen abstechen, rasch zu Kugeln rollen und sofort in Schokoladenstreuseln wälzen. Durch das Rollen schmilzt die Masse leicht an und die Streusel haften gut.

SCHOKO-CHILI-TRÜFFEL

100 ml Sahne mit ½ kleinen getrockneten Chilischote aufkochen. 10 Minuten ziehen lassen, die Chilischote entfernen. 200 g grob gehackte dunkle Kuvertüre in der Sahne auflösen. Etwas abkühlen lassen, dann 1 EL Crème fraîche einrühren. Im Kühlschrank in 2 – 3 Stunden fest werden lassen. Kirschgroße Stücke abstechen und zu Kugeln rollen. Nach Geschmack in Kakao oder Puderzucker wälzen.

Bûche de Noël
mit Mokkacreme

DER „WEIHNACHTS-BAUMSTAMM" GEHÖRT IN FRANKREICH ZUM FESTTAGSESSEN EINFACH DAZU. UND IM MINIFORMAT IST ER IDEAL ALS GESCHENK.

Zutaten für 4 kleine Kuchen

4 Eier (Größe M)

120 g Zucker

1 Prise Salz

75 g Mehl

50 g Speisestärke

2 EL Zucker

Für die Creme

3 Eigelb (Größe M)

200 g Zucker

125 g Schokolade

3 Eiweiß (Größe M)

1 Prise Salz

250 g weiche Butter

4 EL Espresso oder Mokka

2 geh. EL Kakao

1 gute Prise gem. Zimt

Schokoblätter zum Dekorieren

Zeitbedarf

• 50 Minuten +
  12 – 15 Minuten backen +
  30 Minuten abkühlen

So geht's

1. Die Eier mit Zucker und Salz mit den Schneebesen des Handrührgeräts in 4 – 5 Minuten sehr cremig aufschlagen. Mehl und Speisestärke darübersieben und unterheben.

2. Den Backofen auf 200 °C (Umluft 180 °C) vorheizen. Den Teig auf ein mit Backpapier belegtes Blech (ca. 30 x 40 cm) streichen. In 12 – 15 Minuten hell backen.

3. Ein Küchentuch mit Zucker bestreuen, die Teigplatte daraufstürzen und das Papier abziehen. Die Platte längs und quer durchschneiden, dann jeweils von der breiten Seite her mitsamt dem Tuch aufrollen. Mit einem feuchten Tuch abdecken und abkühlen lassen.

4. Für die Creme die Eigelbe mit der Hälfte des Zuckers zu einer hellen Creme schlagen. Die Schokolade im Wasserbad schmelzen und etwas abkühlen lassen. Die Eiweiße mit Salz sehr steif schlagen, restlichen Zucker einrieseln lassen, dabei ständig weiterschlagen.

5. Die Butter schaumig rühren, die Schokolade unterrühren, nach und nach Eigelbmasse und Eischnee, Espresso, Kakao und Zimt zufügen und unterrühren. Alle Zutaten sollten Zimmertemperatur haben, damit die Creme nicht gerinnt.

6. Die 4 Biskuitrouladen vorsichtig aufrollen, mit der Hälfte der Creme füllen und wieder zusammenrollen. Die restliche Creme darauf verstreichen, mit einer Gabel Wellenmuster einritzen. Eventuell die Anschnitte fingerdick abschneiden und als Aststücke an die „Baumstämme" andrücken. Mit Schokoblättern verzieren, in Kartons verpacken. Kühl gestellt 5 – 6 Tage haltbar.

Schoko-Macarons
mit Mandelfüllung

DIE ZARTEN PLÄTZCHEN AUS BAISERTEIG WERDEN HIER WEIHNACHTLICH GEWÜRZT UND MIT EINER FEINEN MANDELCREME GEFÜLLT.

Zutaten für ca. 50 Stück

3 Eiweiß (Größe M)

1 Prise Salz

200 g Zucker

etwas Zitronensaft

125 g geschälte gem. Mandeln

100 g ger. Bitterschokolade

2 gestr. EL Kakao

je 1 gute Prise gem. Zimt, Nelken und Muskatblüte

Für die Creme

75 g weiche Butter

75 g Puderzucker

2 EL Mandelmus

abger. Schale von ¼ Bio-Zitrone

Zeitbedarf
- 50 Minuten +
  15 – 18 Minuten backen

So geht's

1. Die Eiweiße mit Salz mit den Schneebesen des Handrührgeräts sehr steif schlagen. Zucker dazurieseln lassen, dabei ständig weiterschlagen. Den Zitronensaft unterrühren.

2. Mandeln, Schokolade, Kakao und Gewürze vermischen. Portionsweise, nicht auf einmal, unter den Eischnee heben, damit die Masse durch das Gewicht nicht zusammenfällt.

3. Den Backofen auf 160 °C (Umluft 140 °C) vorheizen. Die Baisermasse in einen Spritzbeutel mit großer Lochtülle füllen. Auf ein mit Backpapier belegtes Blech kirschgroße Tupfen spitzen und im heißen Ofen 15 – 18 Minuten backen. Abkühlen lassen.

4. Für die Cremefüllung die Butter sehr schaumig rühren, den Puderzucker dazusieben, Mandelmus und Zitronenschale zugeben. Alles zu einer dicken Creme verrühren. Je 2 Makronen mit ein wenig Creme füllen und zusammensetzen. Gut verpackt und kühl aufbewahrt sind die Macarons 8 – 10 Tage haltbar.

Die Variante

Mandel-Macarons mit Schokofüllung
Die Baisermasse mit 220 g gemahlenen Mandeln, jedoch ohne Schokolade und Kakao zubereiten und backen. Für die Creme 75 g weiche Butter cremig rühren, mit 1 Eigelb, 75 g Puderzucker und 75 g geschmolzener dunkler Schokolade zu einer festen Creme verrühren. Mit Zimt kräftig abschmecken. Die Macarons mit der Creme füllen.

Sablés

aromatisch gefüllt

DIE KNUSPRIGEN PLÄTZCHEN MACHEN NICHT VIEL ARBEIT UND LASSEN SICH
MIT WALNÜSSEN, MANDELN ODER KANDIERTEN FRÜCHTEN VARIIEREN.

Zutaten für ca. 90 Stück

300 g weiche Butter

200 g Puderzucker

1 Prise Salz

abger. Schale von
½ Bio-Zitrone

500 g Mehl

je 1 EL fein gehackte
Pistazien und Haselnüsse

je 1 EL fein gem. unbehandelte getr. Rosenblätter
und Lavendelblüten

Zeitbedarf

• 30 Minuten +
2 Stunden kühlen +
10 – 12 Minuten backen

So geht's

1. Die Butter mit den Schneebesen des Handrührgeräts sehr schaumig rühren. Puderzucker darübersieben, Salz, Zitronenschale und Mehl zufügen, alles zu einem weichen Teig verkneten.

2. Auf einer leicht bemehlten Fläche je 1 Teig-
viertel mit bemehlten Händen flach drücken
(ca. 20 x 15 cm). Jedes Viertel getrennt mit Pistazien, Haselnüssen, Rosenblättern und Lavendelblüten bestreuen und von der breiten Seite
her fest aufrollen, damit sich die Zutaten gut
mit dem Teig verbinden. Mit Folie abgedeckt
mindestens 2 Stunden im Kühlschrank ruhen
lassen.

3. Den Backofen auf 180 °C (Umluft 160 °C) vorheizen. Die Teigstränge in ½ cm dicke Scheiben
schneiden, auf ein mit Backpapier belegtes
Blech legen und in 10 – 12 Minuten goldgelb
backen. Mit einer Palette zum Auskühlen auf
Kuchengitter setzen. Luftdicht verpackt sind
die Plätzchen 3 – 4 Wochen haltbar.

Die Variante

Zitronen-Sablés
Den Teig nur mit But-
ter, Puderzucker, Salz,
Zitronenschale und
Mehl zubereiten und
zu mehreren Rollen
mit 3 cm Ø formen.
In dünne Scheiben
schneiden und backen.
Aus 200 g Puderzucker
und 3 – 4 EL Zitronen-
saft einen dickflüssi-
gen Guss rühren.
Jedes Plätzchen mit
einem Klecks Glasur
verzieren, eine Wal-
nusshälfte auflegen
und ganz leicht fest-
drücken. Vor dem Ver-
packen gut trocknen
lassen.

Madeleines
feines Sandgebäck

DIE BERÜHMTEN MUSCHELFÖRMIGEN KÜCHLEIN, DIE IN SPEZIELLEN FORMEN GEBACKEN WERDEN, SCHMECKEN KÖSTLICH ZU TEE UND KAFFEE.

Zutaten für ca. 75 Stück

125 g weiche Butter

6 Eier (Größe M)

125 g Zucker

1 Prise Salz

abger. Schale von
1 Bio-Zitrone

125 g Mehl

Butter und Mehl für
die Förmchen

125 g helle oder dunkle
Kuvertüre

Zeitbedarf
• 20 Minuten +
  10 – 12 Minuten backen

So geht's

1. Die Butter bei milder Hitze schmelzen und abkühlen lassen. Inzwischen die Eier mit Zucker, Salz und Zitronenschale in der Küchenmaschine oder mit den Schneebesen des Handrührgeräts hell und schaumig schlagen.

2. Die geschmolzene Butter unterrühren, dann nach und nach das Mehl darübersieben und mit einem Spatel vorsichtig unterheben. Den Backofen auf 180 °C (Umluft 160 °C) vorheizen. Die Muschelförmchen im Blech sorgfältig einfetten und mit Mehl ausstäuben. Je einen TL Teig einfüllen, so dass die Förmchen zu ⅔ gefüllt sind. Im heißen Ofen 10 – 12 Minuten backen. Ein wenig abkühlen lassen, dann aus den Förmchen lösen und auskühlen lassen.

3. Die Kuvertüre grob hacken und im heißen Wasserbad schmelzen. Die Madeleines mit dem schmaleren Ende eintauchen, auf ein Kuchengitter setzen und trocknen lassen. Gut verpackt sind sie 2 – 3 Wochen haltbar.

SO SCHMECKT'S AUCH Den Teig nicht mit Zitronenschale, sondern mit abgeriebener Schale von 1 Bio-Orange und einem Schuss Orangenlikör würzen. Die fertigen Madeleines statt in Kuvertüre zur Hälfte in einen dünnflüssigen Guss aus 100 g Puderzucker und 2 – 3 EL Orangensaft oder -likör tauchen. Vor dem Verpacken gut trocknen lassen.

Parisiennes
zartes Nussgebäck

DIE KLEINEN „PARISER STANGEN" MIT MANDELN, HASELNÜSSEN UND
EIWEISSGLASUR SIND SCHNELL GEBACKEN UND SCHMECKEN KÖSTLICH.

Zutaten für ca. 60 Stück

250 g Zucker

je 125 g gemahlene
Mandeln und Haselnüsse

¼ TL gem. Zimt

je 1 gute Prise gem.
Muskatblüte und Piment

1 Ei (Größe M)

1 Eigelb (Größe M)

1 Eiweiß (Größe M)

1 Prise Salz

125 g Puderzucker

1 TL Zitronensaft

Zeitbedarf

• 40 Minuten +
  1 Stunde kühlen +
  12 – 15 Minuten backen

So geht's

1. In einer Schüssel Zucker, gemahlene Nüsse und
   Gewürze gut vermischen. Ei und Eigelb gründlich verquirlen, zufügen, alles zu einem festen
   Teig verarbeiten. Mit Folie abgedeckt 1 Stunde
   im Kühlschrank ruhen lassen.

2. Den Backofen auf 180 °C (Umluft 160 °C) vorheizen. Den Teig auf einer leicht mit Zucker
   bestreuten Fläche knapp fingerdick ausrollen.
   Für die Glasur das Eiweiß mit 1 Prise Salz ganz
   steif schlagen, den Puderzucker nach und nach
   zufügen, dabei ständig weiterschlagen. Den Zitronensaft unterrühren.

3. Die Teigplatte gleichmäßig mit dem Guss bestreichen. Mit einem Pizzaschneider in kleine
   Stangen (ca. 4 x 2 cm) schneiden. Die Plätzchen
   auf ein mit Backpapier belegtes Blech setzen
   und im heißen Ofen in 12 – 15 Minuten hell backen. Auf Kuchengitter abkühlen lassen. Gut
   verpackt sind sie 3 – 4 Wochen haltbar.

Die Variante

Gefüllte Nusstaler
Den Teig wie im Re-
zept beschrieben zu-
bereiten, jedoch ein
wenig dünner ausrol-
len und runde Plätz-
chen ausstechen. Im
vorgeheizten Backofen
bei 180 °C (Umluft
160 °C) 10 – 12 Minu-
ten backen. 200 g
Nougat erwärmen
und je 2 Nusstaler mit
Nougat zusammenset-
zen. Die Plätzchen mit
Kakao bestäuben.

DAS IST *wirklich* WICHTIG

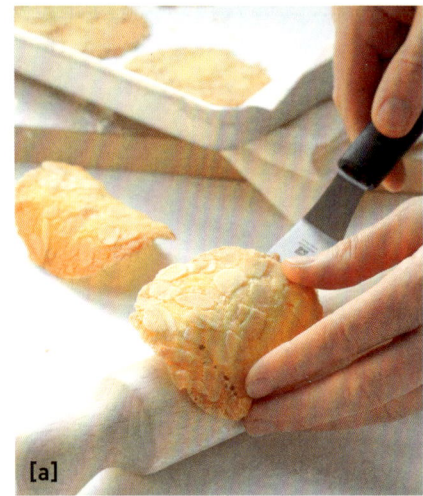

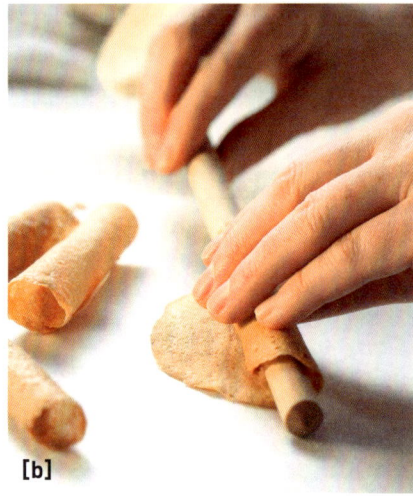

[a + b] DIE TEIGKREISE noch heiß vom Blech lösen, nur dann lassen sie sich noch in Form biegen. Über eine schmale Flasche oder eine Teigrolle legen, damit die typische Ziegelform entsteht. Oder für die Cigarettes um einen Kochlöffelstiel rollen. Kurz abkühlen lassen, dann die nächsten Kreise auflegen und formen.

[a]

[b]

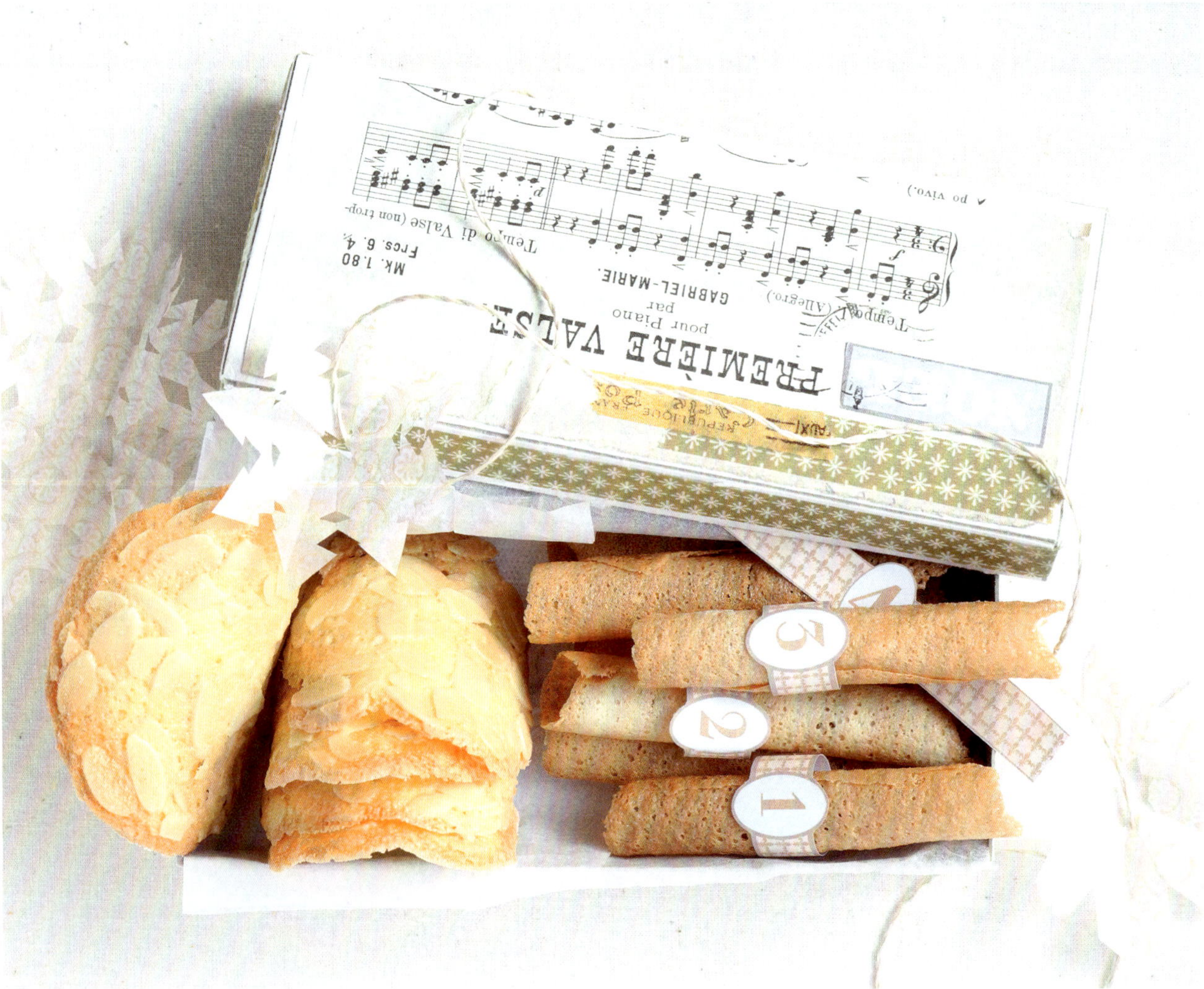

Mandelbögen
knusprig und fein

DER TEIG FÜR DIE „TUILES D'AMANDES" (MANDELZIEGEL) IST SCHNELL GERÜHRT, NUR DAS BACKEN ERFORDERT ETWAS GEDULD UND FINGERSPITZENGEFÜHL.

Zutaten für ca. 30 Stück

60 g Butter

4 Eier (Größe M)

250 g Zucker

1 Päckchen Vanillezucker

1 gute Prise gem. Nelken

250 g Mandelblättchen

50 g Mehl

Zeitbedarf

• 40 Minuten +
  6 – 8 Minuten backen

So geht's

1. Die Butter bei milder Hitze schmelzen. Die Eier mit einer Gabel gut verquirlen und unter die Butter rühren. Alle anderen Zutaten dazugeben und gründlich verrühren.

2. Den Backofen auf 200 °C (Umluft 180 °C) vorheizen. Je 1 EL Teig auf einem mit Backpapier belegten Blech zu einem Kreis mit 8 – 10 cm Ø verstreichen. Pro Blech 6 – 8 Kreise aufstreichen und im heißen Ofen in 6 – 8 Minuten goldbraun backen.

3. Die Teigplatten sofort mit einer Palette vom Blech lösen und zu Bögen formen [→a]. Der Teig muss noch heiß sein, damit die Bögen nicht brechen. Das Blech eventuell nochmals kurz in den heißen Ofen schieben, dann erst die restlichen Teigplatten lösen.

4. Die Mandelbögen vollständig auskühlen lassen, dann in eine fest schließende Dose verpacken, damit sie knusprig bleiben. Die Bögen dicht nebeneinanderstehend einschichten, so können sie nicht so leicht zerbrechen. 3 – 4 Wochen haltbar.

Die Variante

Cigarettes russes

Den Backofen auf 200 °C (Umluft 180 °C) vorheizen. 2 Eiweiße mit 1 Prise Salz sehr steif schlagen. 80 g Zucker zufügen, kurz weiterschlagen. 40 g Mehl darübersieben und unterheben. Zum Schluss 65 g zerlassene Butter unterrühren. Teigkreise von ca. 8 cm Ø dünn auf Backpapier aufstreichen (ergibt ca. 20 Stück), 6 – 7 Minuten backen. Vom Blech lösen und sofort um einen Holzstiel rollen [→b]. Abkühlen lassen, dann vom Stiel ziehen. 2 – 3 Wochen haltbar.

Gâteau breton
bretonischer Butterkuchen

IM ORIGINAL WIRD ER MIT GESALZENER BUTTER GEBACKEN. SCHMECKT ABER AUCH MIT SÜSSRAHMBUTTER UND EINER KRÄFTIGEN PRISE MEERSALZ.

Für 3 Kuchen (18 cm Ø)

250 g weiche gesalzene Butter

250 g Zucker

250 g Mehl

4 Eier (Größe M)

2 EL Sahne

Zeitbedarf

• 10 Minuten +
  40 Minuten backen

So geht's

1. Den Backofen auf 180 °C (Umluft 160 °C) vorheizen. Den Boden der Springformen mit Backpapier auslegen. Man kann aber auch 1 große Form (26 cm Ø) verwenden.

2. Die Butter grob zerteilen, in eine Schüssel geben und mit den Schneebesen des Handrührgeräts glatt, aber nicht schaumig rühren. Zucker, Mehl und Eier zufügen. Alles zu einem glatten Teig verrühren.

3. Den Teig in die Formen füllen und mit einem Löffel oder Teigschaber glatt streichen. Die Oberfläche jeweils mit Sahne bepinseln. Dann mit einer Gabel oder einem Schaber mit Zackenrand ein Muster ziehen.

4. Im vorgeheizten Backofen ca. 40 Minuten goldgelb backen. Die Kuchen aus der Form lösen. Gut auskühlen lassen, dann fest in Folie verpacken. Der Butterkuchen hält sich an einem kühlen Ort 2 – 3 Wochen.

FÜR EINEN ORANGENKUCHEN die abgeriebene Schale von 1 ½ Bio-Orangen unter den Teig rühren. Die Schale der übrigen ½ Orange abreiben, den Saft auspressen. Beides mit 3 gehäuften EL Zucker in 15 – 20 Minuten zu einem leichten Sirup einkochen und durchsieben. Den warmen Kuchen mit einem Holzstäbchen mehrmals einstechen, mit dem Sirup tränken. Etwas abkühlen lassen, dann aus der Form lösen.

Birnen in Weißwein
mit Kumquats

EIN KLASSISCHES UND ZUGLEICH RAFFINIERTES KOMPOTT, DAS SICH MIT TYPISCHEN WINTERGEWÜRZEN SEHR WEIHNACHTLICH PRÄSENTIERT.

Zutaten für 3 Gläser à 500 ml

¼ l Weißwein

½ l Wasser

350 g Zucker

3 Zimtstangen

je 1 EL Nelken und Piment

1 Bio-Zitrone

1 kg kleine feste Birnen

100 g unbehandelte Kumquats

2 EL Rosinen

Zeitbedarf
- 20 Minuten +
  30 Minuten kochen

So geht's

1. In einem großen Topf Weißwein, Wasser, Zucker, Zimt, Nelken und Piment zum Kochen bringen. Zugedeckt 20 Minuten leise köcheln lassen. Die Zitronenschale mit einem Sparschäler entfernen. Die Schalenstücke im Sud mitkochen. Die Zitrone auspressen, den Saft in eine Schüssel geben.

2. Die Birnen längs schälen, eventuell einige Schalenstreifen stehen lassen. Mit einem Kugelausstecher das Kerngehäuse entfernen. Die Birnen im Zitronensaft wenden, damit sie sich nicht braun verfärben. Die Kumquats waschen und in Scheiben schneiden, dabei die Kerne entfernen.

3. Birnen und Kumquats in den heißen Sud legen und in 10 – 12 Minuten knapp weich kochen. Mit einem Schaumlöffel herausheben und auf die heiß ausgespülten Gläser verteilen. Die Rosinen ebenfalls verteilen.

4. Den Sud nochmals aufkochen und durch ein Sieb abgießen, damit Gewürze und Schalen zurückbleiben. Den heißen Sud über die Früchte gießen, sodass sie vollkommen bedeckt sind. Gläser verschließen und abkühlen lassen. Im Kühlschrank aufbewahrt 3 – 4 Wochen haltbar.

LÄNGER HALTBAR sind die Birnen, wenn man sie sterilisiert. Dafür nur ca. 5 Minuten im Sud kochen, mit dem durchgesiebten Sud in Gläser füllen und verschließen. Ein gefaltetes Küchenhandtuch in einen Topf legen, die Gläser hineinsetzen, mit heißem Wasser bis knapp unter den Deckel füllen, aufkochen lassen, Hitze reduzieren, zugedeckt 25 Minuten kochen. Herausheben, auf einem Küchentuch abkühlen lassen. Ca. 5 Monate haltbar.

Gänse-Rillettes

mit Orange & Majoran

MIT GEWÜRZEN GANZ LANGSAM UND SANFT GESCHMORTE GÄNSEKEULEN ERGEBEN EIN SEHR FEINES „SCHMALZFLEISCH".

Für 6 – 7 Gläser à 150 ml

½ TL Piment

5 – 6 Nelken

5 – 6 Wacholderbeeren

1 TL Pfefferkörner

2 Gänsekeulen (à 350 – 400 g)

knapp 1 l Wasser

½ TL grobes Salz

1 gute Prise Zucker

1 EL getr. Majoran

1 Bio-Orange

200 g Gänseschmalz

Zeitbedarf
- 30 Minuten +
  4 – 5 Stunden kochen +
  ca. 1 Stunde abkühlen

So geht's

1. Piment, Nelken, Wacholderbeeren und Pfefferkörner im Mörser oder Mixer grob zerkleinern. In ein Tee-Ei füllen oder in ein Mullsäckchen einbinden.

2. Die Gänsekeulen in einem passenden Topf knapp mit Wasser bedecken. Salz, Zucker und die Gewürze zufügen. Zum Kochen bringen, dann bei milder Hitze so lange köcheln lassen, bis fast alle Flüssigkeit verdampft ist und das Fleisch nur noch im eigenen Fett schmurgelt. Die Gewürze entfernen. Das Fleisch etwas abkühlen lassen.

3. Das Fleisch vom Knochen lösen, die Knorpel entfernen. Das abgelöste Fleisch in einer Schüssel mit einer Gabel fein zerpflücken. Das Fett aus dem Topf untermischen, mit Salz, der Hälfte des Majorans und etwas abgeriebener Orangenschale kräftig würzen. In die heiß ausgespülten Gläser verteilen.

4. Das Gänseschmalz erwärmen und über das Fleisch gießen, sodass alles gut damit bedeckt ist. Abkühlen lassen. Die Oberfläche mit dem restlichen Majoran und feinen Orangenschalenstreifen verzieren. Die Gläser verschließen und kühl aufbewahren. Die Gänserillettes sind 2 – 3 Wochen haltbar.

England

Merry Christmas!

HIER FINDET MAN JEDE MENGE IDEEN FÜR KULINARISCHE GESCHENKE: OB RAFFINIERTE TEE-MISCHUNGEN, FRUCHTIGE PIES, SAHNIGE TOFFEES – ALLES „VERY BRITISH".

Gingerbread
der englische Lebkuchen

DAS „INGWERBROT" VERDANKT SEINEN NAMEN UND SEINEN TYPISCHEN WÜRZIGEN GESCHMACK EINER KRÄFTIGEN PORTION INGWERPULVER.

Zutaten für ca. 60 Stück

175 g Rohrohrzucker

100 g Rübensirup oder Honig

175 g Butter

1 Prise Salz

2 EL gem. Ingwer

1 geh. EL gem. Zimt

1 gestr. TL Pottasche

2 cl Whisky

450 – 500 g Mehl

200 g Puderzucker

3 – 4 EL Zitronensaft, Orangensaft oder Whisky

evtl. Liebesperlen, Zuckerstreusel etc. zum Verzieren

Zeitbedarf
• 50 Minuten +
  mind. 3 Stunden kühlen +
  10 – 12 Minuten backen

So geht's

1. In einem Topf Zucker, Sirup oder Honig, Butter und Salz unter Rühren erhitzen, bis sich der Zucker aufgelöst hat. Ingwer und Zimt unterrühren und alles ein wenig abkühlen lassen.

2. Die Pottasche im Whisky auflösen, unter die Honigmischung rühren. 450 g Mehl zufügen und mit den Knethaken des Handrührgeräts kurz unterkneten. Anschließend mit den Händen zu einem glatten Teig kneten. Sollte er noch zu weich sein, esslöffelweise noch etwas Mehl unterkneten. In Folie gewickelt mindestens 3 Stunden, besser über Nacht, kalt stellen.

3. Den Backofen auf 180 °C (Umluft 160 °C) vorheizen. Den Teig portionsweise auf einer leicht bemehlten Fläche gut ½ cm dick ausrollen. Beliebige Formen ausstechen und auf ein mit Backpapier belegtes Blech legen. Im heißen Ofen 10 – 12 Minuten backen. Auf einem Kuchengitter abkühlen lassen.

4. Für die Glasur den Puderzucker mit der Flüssigkeit glatt rühren, sodass ein dünnflüssiger Guss entsteht. Das Gingerbread damit bestreichen oder ein Muster aufspritzen. Nach Belieben verzieren. Die Plätzchen erst verpacken, wenn der Guss ganz getrocknet ist. Sie sind 4 – 5 Wochen haltbar.

Melting Moments

mit zarten Haferflocken

DIESE TRADITIONELLEN PLÄTZCHEN SIND OHNE GROSSEN AUFWAND ZUZUBEREITEN UND EINFACH ZUM DAHINSCHMELZEN GUT.

Zutaten für ca. 75 Stück

- 150 g weiche Butter
- 125 g Puderzucker
- 1 Prise Salz
- 1 Eigelb (Größe M)
- 125 g Mehl
- 75 g Speisestärke
- ¼ TL Backpulver
- 1 gute Prise gem. Muskatblüte
- 1 Eiweiß
- 75 g zarte Haferflocken
- 3 EL Zucker
- Puderzucker zum Bestäuben

Zeitbedarf

- 20 Minuten +
  2 Stunden kühlen +
  15 – 18 Minuten backen

So geht's

1. Die Butter mit den Schneebesen des Handrührgeräts sehr schaumig rühren. Den Puderzucker dazusieben, Salz und das Eigelb zufügen, alles zu einer cremigen Masse schlagen.

2. Mehl, Speisestärke, Backpulver und Muskatblüte unterrühren, dann auf der bemehlten Arbeitsfläche zu einem weichen Teig verkneten. Rollen mit dem Durchmesser eines 2-Euro-Stücks formen, mit Folie abdecken und 2 Stunden kalt stellen.

3. Den Backofen auf 180 °C (Umluft 160 °C) vorheizen. In einem tiefen Teller das Eiweiß gründlich verquirlen. In einem zweiten Suppenteller Haferflocken und Zucker vermischen. Von den Teigrollen 1 cm dicke Scheiben abschneiden und zu Kugeln formen. Diese zuerst in Eiweiß, dann in der Haferflocken-Zuckermischung wälzen und auf ein mit Backpapier belegtes Blech setzen.

4. Die Plätzchen im heißen Backofen in 15 – 18 Minuten hellbraun backen. Herausnehmen, auf ein Kuchengitter setzen und abkühlen lassen. Vor dem Verpacken mit Puderzucker überstäuben. Die Melting Moments sind 3 – 4 Wochen haltbar.

Shortbread
mit Ingwer

SIE GEHÖREN EINFACH ZUM ENGLISCHEN „FIVE O'CLOCK TEA" DAZU. DOCH SIE SCHMECKEN AUCH GUT ZUM GLÜHWEIN ODER PUNSCH.

Zutaten für ca. 60 Stück

50 g kandierter Ingwer

300 g Mehl

50 g Speisestärke

80 g Puderzucker

1 Prise Salz

200 g kalte Butter

1 gute Prise gem. Muskatblüte

50 – 70 g Zucker zum Wälzen

Zeitbedarf
• 30 Minuten +
  30 Minuten backen

So geht's

1. Den Ingwer entweder mit einem großen Messer ganz fein hacken oder im elektrischen Zerhacker mit der Sekundentaste (der Mahlvorgang wird dabei immer wieder unterbrochen) fein zerkleinern. Nicht zu lange am Stück mahlen, da die Masse sonst zu cremig wird, es dürfen noch kleine Stückchen zu sehen sein.

2. Mehl, Stärke, Puderzucker und Salz auf die Arbeitsfläche häufen. Ingwer und klein geschnittene Butter zufügen, Muskatblüte darüberstreuen. Mit einem großen Messer fein bröselig hacken, dann mit den Händen rasch zu einem Mürbteig verkneten.

3. Den Backofen auf 200 °C (Umluft 180 °C) vorheizen. Den Teig auf der leicht bemehlten Arbeitsfläche gut fingerdick zu einem Rechteck ausrollen. Auf ein mit Backpapier belegtes Blech legen. Die Teigoberfläche mit einer Gabel einstechen, sodass ein gleichmäßiges Lochmuster entsteht. Im heißen Ofen in ca. 30 Minuten goldgelb backen.

4. Aus dem Ofen nehmen und gleich mit einem großen Messer oder einem Pizzaschneider zuerst in fingerdicke Streifen, diese dann in kleine Stangen oder Rauten schneiden. In Zucker wälzen und zum Abkühlen auf Kuchengitter setzen. Das Shortbread vollkommen auskühlen lassen, dann in fest schließende Dosen verpacken. Kühl aufbewahrt ist es 3 – 4 Wochen haltbar.

SO SCHMECKT`S AUCH Statt dem Ingwer kann man auch die abgeriebene Schale und 2 – 3 EL Saft von 2 Bio-Zitronen unterkneten und die Puderzuckermenge auf 100 g erhöhen. Zusätzlich noch mit etwas gemahlenen Nelken würzen.

Dundee Cakes
schottische Früchteküchlein

HIER MAL IM KLEINFORMAT: MIT GETROCKNETEN UND KANDIERTEN FRÜCHTEN,
FEINEN GEWÜRZEN UND EINEM KRÄFTIGEN SCHUSS WHISKY.

Zutaten für 12 kleine Kuchen

120 g getr. Datteln

100 g getr. Aprikosen

je 100 g gewürfeltes Zitronat und Orangeat

200 g Rosinen oder Korinthen

abger. Schale von 1 Bio-Zitrone

8 cl Whisky

250 g weiches Butterschmalz

275 g Rohrohrzucker

1 Päckchen Vanillezucker

1 Prise Salz

4 Eier (Größe M)

375 g Mehl

½ TL gem. Zimt

je 1 Msp. gem. Nelken, Piment und Kardamom

Zeitbedarf
• 30 Minuten +
  1 Stunde ruhen +
  45 – 50 Minuten backen

So geht's

1. Die Datteln entkernen und mit den Aprikosen in feine Würfel schneiden. In einer Schüssel mit Zitronat, Orangeat, Rosinen und der abgeriebenen Zitronenschale gut vermischen. Die Hälfte des Whiskys darübergießen, mit Folie abdecken und mindestens 1 Stunde durchziehen lassen.

2. Den Backofen auf 150 °C (Umluft 130 °C) vorheizen. Ein Backblech für Muffins gründlich mit ein wenig Butterschmalz auspinseln und mit etwas Mehl ausstäuben.

3. Das restliche Butterschmalz mit den Schneebesen des Handrührgeräts schaumig rühren. Zucker, Vanillezucker und Salz dazugeben, weitere 2 – 3 Minuten rühren. Abwechselnd Eier und Mehl zufügen und unterrühren. Den restlichen Alkohol und die Gewürze einrühren und zum Schluss die Früchte unterheben.

4. Den Teig in die Mulden des Muffinblechs füllen. Im vorgeheizten Ofen 45 – 50 Minuten backen. Etwas abkühlen lassen, dann erst aus der Form lösen und auf einem Kuchengitter abkühlen lassen. Die Früchteküchlein einzeln in Folie oder Tütchen verpacken. Sie sind 5 – 6 Wochen haltbar.

Wishing you a very
Happy Christmas

24

Mincemeat
aromatischer Fruchtmix

DIE WÜRZIGE MISCHUNG, DIE FRÜHER AUS FRÜCHTEN UND FLEISCH
ZUBEREITET WURDE, IST IDEAL ALS FÜLLUNG FÜR KLEINE PIES.

Zutaten für 4 Gläser à 500 ml

1,5 kg säuerliche Äpfel
(Boskop oder Jonathan)

50 g frischer Ingwer

200 g Rosinen

100 g getr. Cranberrys

je 100 g fein gewürfeltes
Zitronat und Orangeat

50 ml Apfelessig

300 g brauner Zucker oder
Mascobado

1 TL gem. Zimt

½ TL gem. Kardamom

je ¼ TL gem. Nelken, Piment
und Muskatblüte (Macis)

1 Bio-Zitrone

6 cl Brandy

Zeitbedarf
• 30 Minuten +
  15 – 20 Minuten kochen

So geht's

1. Die Äpfel schälen, vierteln und das Kerngehäuse herausschneiden. Die Apfelviertel quer in feine Scheiben schneiden. Den Ingwer
schälen und fein hacken. Rosinen und Cranberrys ebenfalls fein
hacken.

2. Alles in einen Topf füllen. Zitronat und Orangeat, Essig, Zucker
und die Gewürze dazugeben. Die abgeriebene Schale und den
ausgepressten Saft der Zitrone und ¾ des Weinbrands zufügen.
Gut durchmischen und unter gelegentlichem Rühren erhitzen.
15 – 20 Minuten köcheln lassen, bis sich alle Zutaten zu einer festen Masse verbunden haben. Dabei immer wieder gut umrühren,
damit nichts am Topfboden ansetzt.

3. Die Gläser heiß ausspülen und das heiße Mincemeat einfüllen.
Die Oberfläche mit dem übrigen Brandy benetzen. Die Gläser verschließen und abkühlen lassen. Im Kühlschrank aufbewahrt ist
das Mincemeat ca. 3 Monate haltbar. Es lässt sich auch als Füllung für Hefe- oder Blätterteigschnecken verwenden.

FÜR MINCE-PIES aus 300 g Mehl, 200 g kalter Butter, 100 Zucker, 1 Prise
Salz und 1 Ei (Größe M) einen Mürbteig kneten. Ca. 8 kleine gefettete Pie-
Förmchen (ca. 8 cm Ø) mit der Hälfte des ausgerollten Teiges auslegen, mit
dem Mincemeat (ca. ½ Glas) füllen und mit dem übrigen Teig abdecken. Die
Ränder fest andrücken. Die Oberfläche mit verquirltem Eigelb bestreichen.
Bei 180 °C (Umluft 160 °C) 25 – 30 Minuten backen. Die Mince-Pies schme-
cken lauwarm am besten, halten sich gut verpackt aber auch 3 – 4 Tage.

Christmas Cookies
mit Cranberrys

DIE GROSSEN KNUSPRIGEN PLÄTZCHEN SIND GANZ EINFACH IN DER
ZUBEREITUNG UND GENAU DAS RICHTIGE FÜR BACKANFÄNGER.

Zutaten für ca. 25 Stück

250 g weiche Butter

100 g brauner Zucker

125 g Zucker

2 Eier (Größe M)

275 g Mehl

1 TL Natron

1 gute Prise Salz

¼ TL gem. Zimt

1 gute Prise gem. Nelken

100 g getr. Cranberries

100 g gehackte Mandeln
oder Haselnüsse

100 g Puderzucker

ca. 2 EL roter Fruchtsaft

2 EL getr. Cranberrys

Zeitbedarf
• 25 Minuten +
  12 – 14 Minuten backen

So geht's

1. Die Butter mit den Schneebesen des Handrührgeräts schaumig schlagen. Beide Zuckersorten und die Eier dazugeben, zu einer dicken Creme rühren.

2. Das Mehl mit Natron und Salz vermischen. Die Gewürze, die Cranberrys und die Nüsse zufügen und alles zu einem schweren, leicht zähen Teig verrühren.

3. Den Backofen auf 200 °C (Umluft 180 °C) vorheizen. Je 1 EL Teig als Häufchen auf ein mit Backpapier belegtes Blech setzen. Genügend Abstand lassen, denn der Teig läuft beim Backen sehr auseinander. Im heißen Ofen 12 – 14 Minuten backen. Kurz abkühlen lassen, dann mit einer Palette vom Blech heben und auf Kuchengitter auskühlen lassen.

4. Für die Glasur den Puderzucker mit Saft zu einem dickflüssigen Guss verrühren. Auf jedes Cookie einen Klecks davon geben, mit Cranberrys, die man leicht in die Glasur drückt, verzieren. Gut trocknen lassen, dann in Dosen verpacken. Die Cookies sind 3 – 4 Wochen haltbar.

Die Variante

Chocolate Cookies
175 g dunkle Kuvertüre in rosinengroße Stücke hacken.
In einem Mörser ¼ TL Salz, 1 Päckchen Vanillezucker und ½ getrocknete Chilischote fein zermahlen. 250 g Butter bei milder Hitze schmelzen. 300 g braunen Zucker, 375 g Mehl, 1 gehäuften TL Backpulver vermischen, mit 2 Eiern unter die Butter rühren. Gewürze und Kuvertüre zufügen, zu einem schweren Teig rühren. Mit einem Teelöffel Teig abstechen, zu ca. 40 Kugeln rollen. 12 – 15 Minuten bei 180 °C (Umluft 160 °C) backen. Abgekühlt evtl. mit flüssiger Kuvertüre verzieren.

FÜR KLEINERE COOKIES mit einem Teelöffel Teighäufchen auf das Blech setzen und mit je 1 Cranberry verzieren. Ergibt ca. 50 Cookies. Ca. 10 Minuten backen.

Orangenmarmelade
mit Datteln und Vanille

JETZT HABEN UNBEHANDELTE ZITRUSFRÜCHTE SAISON. IDEAL FÜR EINE ORANGENMARMELADE, BEI DER MAN DIE FRÜCHTE MIT SCHALE BRAUCHT.

Für 8 Gläser à 250 ml

1,5 kg Bio-Orangen

300 g frische oder getr. Datteln

1 Vanilleschote

1 gute Prise gem. Muskatblüte

Saft von 1 Zitrone

750 g Gelierzucker 2:1

Zeitbedarf

• 50 Minuten

So geht's

1. Die Orangen heiß abwaschen. In Achtel schneiden, diese dann quer in feine Scheiben schneiden, dabei die Kerne entfernen. Das Arbeitsbrett dabei am besten in ein hohes Blech stellen, damit der austretende Saft aufgefangen werden kann.

2. Die Datteln längs halbieren, die Kerne entfernen. Das Fruchtfleisch in schmale Streifen schneiden. Zusammen mit den Orangen und dem Saft in einen großen Topf geben. Die Vanilleschote längs halbieren, das Mark herausschaben, mit der Schote in den Topf geben.

3. Muskatblüte und Zitronensaft zufügen und den Gelierzucker unterrühren. Alles unter Rühren erhitzen, 3–4 Minuten kochen lassen. Etwas Marmelade auf einen Teller tropfen lassen (Gelierprobe). Wenn der Tropfen nicht sofort auseinanderläuft, hat die Marmelade die richtige Konsistenz. Anderenfalls einfach noch kurz weiterkochen lassen.

4. Die Vanilleschote herausfischen, in 8 Stücke schneiden und auf die heiß ausgespülten Gläser verteilen. Die Marmelade in Gläser abfüllen, verschließen und kopfüber gestellt abkühlen lassen. 4–5 Monate haltbar.

Die Variante

Kumquats-Marmelade
500 g Kumquats heiß abwaschen. In feine Scheiben schneiden und dabei die Kerne entfernen. In einem Topf mit 250 g Gelierzucker 2:1 vermischen, erhitzen und 3–4 Minuten sprudelnd kochen lassen. 1 EL grünen eingelegten Pfeffer (vorher gut abtropfen lassen) einrühren und die Marmelade in 3 Gläser (à 250 ml) abfüllen. Schmeckt gut zu gereiftem Käse.

Sahne-Toffees
feine Karamellbonbons

SELBST GEMACHT SCHMECKEN DIE WEICHEN BONBONS NATÜRLICH GANZ
BESONDERS GUT – EINE SÜSSE VERSUCHUNG, NICHT NUR FÜR DIE KLEINEN.

Zutaten für ca. 30 Stück

geschmackneutrales Öl
oder Klarsichtfolie
für die Form

⅛ l Sahne

100 g Zucker

1 gute Prise grobes
Meersalz

1 EL Honig

50 g Süßrahmbutter

Zeitbedarf
• 20 Minuten +
  1 Stunde abkühlen

So geht's

1. Eine Auflauf- oder Backform (ca. 10 x 20 cm) mit
   Öl auspinseln oder sorgfältig mit Frischhaltefolie auslegen. Dabei darauf achten, dass nicht zu
   viele Falten entstehen.

2. Alle Zutaten in einen Topf (ca. 18 cm Ø) geben,
   erhitzen, dabei ständig mit einem Holzspatel
   rühren, damit nichts anbrennt [→a].

3. Sobald die Masse kocht, die Hitze ein wenig reduzieren. Unter Rühren 6 – 7 Minuten (für weiche
   Toffees) bzw. 7 – 8 Minuten (für feste Bonbons)
   sprudelnd kochen lassen. Sofort in die vorbereitete Form gießen und dann ca. 1 Stunde abkühlen
   lassen.

4. Die Toffeeplatte aus der Form stürzen, die Folie
   abziehen. Mit einem angewärmten Messer in
   Streifen, Rauten oder Dreiecke schneiden. Die
   Bonbons einzeln in Cellophan wickeln und in
   Tütchen oder Schachteln verpacken. Sie sind
   mehrere Wochen haltbar.

Die Variante

Schoko-Toffees
Dafür ⅛ l Sahne mit
100 g Zucker, 50 g
dunkler Kuvertüre und
1 gestr. EL Kakao wie
im Rezept beschrieben
erhitzen und kochen.
In der Form abkühlen
lassen, dann in Bon-
bons schneiden.

Nuss-Toffees
Die Toffee-Masse nach
Rezept aus ⅛ l Sahne,
100 g braunem Zucker,
2 EL Honig, 2 EL Man-
dellikör und 40 g un-
gesalzenen grob ge-
hackten Erdnüssen
oder Haselnüssen
zubereiten. Abkühlen
lassen und in Bonbons
schneiden.

DAS IST *wirklich* WICHTIG

....

[a] ZUCKER KOCHEN erfordert einige Übung. Denn die Masse kann schnell zu fest werden und das Ergebnis sind dann keine weichen Toffees, sondern harte Karamellbonbons. Deshalb sollte man nicht nur die Menge, sondern auch die Kochzeit und die angegebene Topfgröße einhalten. Die zu fest gewordene Masse nicht mehr schneiden, sondern am besten einfach in Stücke brechen.

Ananas-Chutney
mit Chili und Pistazien

PASST GUT ZUM TYPISCH ENGLISCHEN ROASTBEEF, SCHMECKT ABER
AUCH ZU FONDUE ODER RACLETTE GANZ AUSGEZEICHNET.

Für 6 Gläser à 350 ml

1 Ananas (ca. 1200 g)

350 g kleine rote Zwiebeln

4 EL Sonnenblumen-
oder Rapsöl

75 g Pistazien

1 kleine frische Chilischote

250 g brauner Kandis-
zucker

75 ml milder Essig
(Himbeeressig oder weißer
Balsamico)

1 Sternanis

6 Nelken

8 Pimentkörner

Salz

Schwarzer Pfeffer

1 – 2 EL Zitronensaft

Zeitbedarf
• 25 Minuten +
30 – 40 Minuten kochen

So geht's

1. Von der Ananas oben und unten eine dicke
Scheibe abschneiden, dann rundum die Schale
großzügig entfernen. Die Frucht vierteln, jeweils
den dicken Strunk herausschneiden. Jedes Viertel nochmals längs halbieren, das Fruchtfleisch
in zentimeterdicke Scheiben schneiden.

2. Die Zwiebeln schälen und in Achtel schneiden.
In einem Topf im heißen Öl braten, bis sie weich
sind, dabei immer wieder umrühren. In der
Zwischenzeit die Pistazien grob hacken. Die
Chilischote längs halbieren und die Kerne ent-
fernen. Die Schote in feine Streifen schneiden.

3. Ananas, Pistazien, Chili, Kandiszucker, Essig
und Gewürze zu den Zwiebeln geben. Bei milder
Hitze 30 – 40 Minuten leise köcheln lassen, bis
sich alles gut verbunden hat. Das Chutney mit
Salz, schwarzem Pfeffer aus der Mühle und
Zitronensaft kräftig abschmecken. In heiß ausgespülte Gläser füllen, fest verschließen und
kopfüber gestellt abkühlen lassen. Im Kühlschrank 5 – 6 Wochen haltbar.

Die Variante

Kürbis-Chutney
750 g ausgelöstes
Kürbisfleisch und
2 säuerliche Äpfel
würfeln, 200 g Zwie-
beln, 4 Knoblauchze-
hen und 100 g fri-
schen, geschälten
Ingwer fein hacken.
Alles in einen Topf
füllen. 220 g braunen
Kandiszucker, 6 Stern-
anis, 4 Zimtstangen
und 150 ml Apfelessig
zufügen. Erhitzen und
in 30 – 40 Minuten dick
einkochen lassen.
Mit Salz, schwarzem
Pfeffer, gemahlenem
Kardamom und Ca-
yennepfeffer scharf
abschmecken. Zimt-
stangen und Sternanis
herausfischen. Das
Chutney noch heiß in
Gläser abfüllen.

Teemischungen

raffiniert aromatisiert

DAS RICHTIGE ZUM AUFWÄRMEN UND ENTSPANNEN: TEELIEBHABER WERDEN SICH GANZ SICHER ÜBER DIESE „KANNENFERTIGEN" SPEZIAL-MISCHUNGEN MIT KLEINER ZUBEREITUNGSANLEITUNG SEHR FREUEN!

GOOD MORNING TEA

Für 4 große Papierfilter à 4 Portionen die dünn abgeschälte Schale von 1 Bio-Orange trocknen lassen (das dauert bei Zimmertemperatur 2–3 Tage). Mit 4 Nelken im Mixer oder Mörser grob zerkleinern. Auf 4 Papierfilter verteilen und jeweils mit 3 gehäuften TL English-Breakfast- oder Ceylon-Tee auffüllen.
Zubereitung: 3 Minuten ziehen lassen.

MASALA CHAI

Für 4 große Papierfilter à 4 Portionen 2 Kardamom-Kapseln, 1 Zimtstange, 6 Pfefferkörner, 8 Nelken und 1 gehäuften EL getrockneten Ingwer oder 1 TL Ingwerpulver im Mörser oder Mixer grob zerkleinern. Die Mischung auf die 4 Papierfilter verteilen und jeweils 2 gehäufte TL Assam-Tee zufügen.
Zubereitung: 4–5 Minuten ziehen lassen. Dann mit einem guten Schuss Milch oder Sahne servieren.

KAWA KASHMIRI

6 Kardamom-Kapseln, 2 Zimtstangen, 1 Messerspitze Safranfäden oder -pulver im Mixer oder Mörser grob zerkleinern. 50 g Mandeln und 50 g kandierten Ingwer grob hacken. Alles vermischen und luftdicht verpacken.
Zubereitung: Mit 1 l Wasser 10 Minuten köcheln lassen. Abgießen, mit ¼ l heißer Milch aufgießen und nach Geschmack süßen.

LEMON TEA

Für 4 große Papierfilter à 4 Portionen 2 Stängel Zitronengras in fingerdicke Scheiben schneiden, 2–3 Tage trocknen lassen. Auf 4 Filter verteilen, je 1 gehäuften EL getrocknete Zitronenmelisse und Zitronenverbene zufügen.
Zubereitung: 8 Minuten ziehen lassen.

ENTSPANNUNGS-TEE

Für 4 große Papierfilter à 4 Portionen von 1 Bio-Zitrone die Schale ganz dünn abschälen. 2–3 Tage trocknen lassen, dann in kleine Stücke brechen. Auf die 4 Filter verteilen. Je 1 EL getrocknetes Eisenkraut (Verbene), Zitronenmelisse und Minze zufügen.
Zubereitung: 8 Minuten ziehen lassen.

Mango-Ketchup
mit Chili

DIE FRUCHTIG-SCHARFE WÜRZSAUCE IST VIELSEITIG EINSETZBAR UND IMMER EIN SEHR WILLKOMMENES MITBRINGSEL.

Zutaten für ca. 750 ml

2 Zwiebeln

2 Knoblauchzehen

1 reife Mango (ca. 350 g)

2–3 EL Raps- oder Sonnenblumenöl

2 Dosen geschälte und gehackte Tomaten à 400 g

100 ml weißer Balsamessig

75 g Rohrohrzucker

Salz

1 EL Pimentkörner

6–8 Nelken

1 kleine Chilischote

Pfeffer aus der Mühle

1 Prise gem. Zimt

Zeitbedarf
• 15 Minuten +
  1 Stunde kochen

So geht's

1. Die Zwiebeln und die Knoblauchzehen schälen und fein hacken. Die Mango halbieren, Fruchtfleisch von Schale und Kern lösen und in grobe Stücke schneiden.

2. In einem Topf das Öl erhitzen, Zwiebeln und Knoblauch darin glasig werden lassen. Mango, Tomaten, Essig und Rohrohrzucker zufügen. Mit ½ TL Salz würzen. Pimentkörner, Nelken und Chilischote in ein Tee-Ei geben oder in ein Mullsäckchen einbinden. Zum Ketchup geben.

3. Alles unter Rühren zum Kochen bringen, dann im offenen Topf bei milder Hitze 50–60 Minuten leise köcheln lassen. Zwischendurch immer wieder umrühren, damit nichts am Topfboden ansetzt.

4. Die Gewürze entfernen. Das Ketchup mit dem Pürierstab sehr fein pürieren, mit Salz, Pfeffer und einer guten Prise Zimt kräftig abschmecken. In heiß ausgespülte Flaschen füllen, verschließen und abkühlen lassen. Im Kühlschrank aufbewahren. Ca. 3–4 Monate haltbar.

Die Variante

Himbeer-Ketchup
1 Dose Tomaten (400 g) mit 200 g TK-Himbeeren, 1 feingehackten kleinen roten Zwiebel und ⅛ l mildem Essig in einem Topf zum Kochen bringen. Mit ¼ TL grobem Meersalz, abgeriebener Schale von ½ Bio-Zitrone und 3 EL Mascobado-Zucker würzen. 30 Minuten leise köcheln lassen. Pürieren, mit Salz, Pfeffer aus der Mühle, Zucker und 1 Prise Piment kräftig abschmecken. Heiß in Flaschen füllen und abkühlen lassen. Ergibt ca. 500 ml Ketchup.

Schweden

God Jul!

SAFRANGEBÄCK, WEIHNACHTSREIS, GEBEIZTER LACHS, GLÖGG: LASSEN SIE SICH DOCH AUCH MAL VON DEN TRADITIONEN AUS DEM HOHEN NORDEN KULINARISCH INSPIRIEREN.

Jul-Plätzchen
mit Haferflocken

OB EINFACH ODER MIT GELEE GEFÜLLT: DIESE KNUSPRIGEN KEKSE GEHÖREN IM HOHEN NORDEN ZUR WEIHNACHTSZEIT EINFACH DAZU.

Zutaten für ca. 50 Stück

200 g weiche Butter

200 g brauner Zucker

1 Ei (Größe M)

250 g kernige Haferflocken

100 g gem. Mandeln oder Haselnüsse

1 geh. TL Backpulver

1 Prise Salz

je 1 gute Prise Zimt und Nelken

Zeitbedarf
• 20 Minuten +
  12–15 Minuten backen

So geht's

1. Die Butter mit den Schneebesen des Handrührgeräts sehr schaumig schlagen. Den Zucker und das Ei dazugeben und alles cremig rühren. Dann die Haferflocken, die Nüsse, das Backpulver und die Gewürze unterrühren.

2. Den Backofen auf 200 °C (Umluft 180 °C) vorheizen. Mit 2 Teelöffeln kirschgroße Häufchen auf ein mit Backpapier belegtes Blech setzen. Dabei genügend Abstand zwischen den Plätzchen halten, denn der Teig läuft beim Backen auseinander.

3. Die Plätzchen im heißen Ofen 12–15 Minuten backen. Herausnehmen, ein wenig abkühlen lassen, dann vom Blech lösen und auf einem Kuchengitter vollständig auskühlen lassen. Die Plätzchen sind nach dem Backen noch sehr weich, werden dann aber ganz knusprig. In fest schließenden Dosen verpackt sind sie 3–4 Wochen haltbar.

GEFÜLLTE JUL-PLÄTZCHEN Je 2 Plätzchen noch warm mit einer säuerlichen Konfitüre (Sauerkirsch- oder Johannisbeergelee sind am besten geeignet) füllen und zusammensetzen. Die fertigen Plätzchen kann man zusätzlich auch noch mit feinen Streifen geschmolzener heller oder dunkler Kuvertüre verzieren.

Ingwerplätzchen
mit Schokoglasur

DIE PLÄTZCHEN MIT SÜSSER SCHÄRFE SIND GANZ EINFACH ZU BACKEN, SCHNELL MIT SCHOKOLADE GLASIERT UND SCHMECKEN KÖSTLICH.

Zutaten für ca. 80 Stück

1 Stück Ingwer (ca. 80 g) oder 1 gestr. EL Ingwerpulver

100 g weiche Butter

80 g brauner Zucker

3 EL Rübensirup

200 g Mehl

1 Prise Salz

1 gute Prise gem. Kardamom

100 g dunkle Kuvertüre

Zeitbedarf
• 30 Minuten +
  2 Stunden kühlen +
  ca. 10 Minuten backen

So geht's

1. Den Ingwer schälen, holzige Teile entfernen. Den Ingwer sehr fein hacken. Die Butter schaumig rühren. Den Zucker und den Rübensirup kurz mitrühren.

2. Das Mehl, Salz, Kardamom und den gehackten Ingwer oder das Ingwerpulver dazugeben und zu einem Teig verkneten. Aus dem Teig mehrere Rollen mit 3 cm Ø formen, mit Folie abdecken und 2 Stunden im Kühlschrank ruhen lassen.

3. Den Backofen auf 180 °C (Umluft 160 °C) vorheizen. Die Teigrollen in knapp ½ cm dicke Scheiben schneiden. Auf ein mit Backpapier belegtes Blech setzen und auf die Oberfläche mit einer langzinkigen Gabel ein Muster drücken. Die Plätzchen in ca. 10 Minuten goldgelb backen. Herausnehmen, auf ein Kuchengitter setzen und abkühlen lassen.

4. In der Zwischenzeit die Kuvertüre hacken und im Wasserbad bei milder Hitze schmelzen. Die Ingwerplätzchen zur Hälfte in die Kuvertüre tauchen, auf Folie setzen und trocknen lassen. Gut verpackt an einem kühlen Ort aufbewahren. Die Ingwerplätzchen sind 2–3 Wochen haltbar.

Zuckerbrezeln
mit Mandeln

DIE PLÄTZCHEN BEKOMMEN DURCH EINEN SCHUSS MANDELLIKÖR DEN BESONDEREN PFIFF. DIE KRUSTE AUS HAGELZUCKER DARF NICHT FEHLEN.

Zutaten für ca. 40 Stück

80 g weiche Butter

80 g Zucker

2 EL Vanillezucker

1 Ei (Größe M)

1 Eigelb (Größe M)

60 g gem. Mandeln

200 g Mehl

1 gestr. TL Backpulver

1 Prise Salz

2 EL Mandellikör

1 Eigelb (Größe M)

1 EL Milch oder Wasser

75 g Hagelzucker

Zeitbedarf

• 30 Minuten +
  2 Stunden kühlen +
  10 – 12 Minuten backen

So geht's

1. Die Butter schaumig rühren, Zucker, Vanillezucker, Ei und Eigelb dazugeben und alles zu einer hellen Creme rühren. Dann Mandeln, Mehl, Backpulver, Salz und Mandellikör unterkneten. Den Teig zu 2 ca. 20 cm langen Rollen formen und 2 Stunden kalt stellen.

2. Den Backofen auf 180 °C (Umluft 160 °) vorheizen. Jede Teigrolle in 20 Stücke teilen. Die Scheiben jeweils auf einer bemehlten Fläche zu dünnen Strängen (ca. 18 cm lang) rollen, zu Brezeln formen und auf ein mit Backpapier belegtes Blech legen.

3. Das Eigelb mit Milch oder Wasser verquirlen. Die Brezeln damit bestreichen und mit Hagelzucker bestreuen. Im vorgeheizten Ofen in 10 – 12 Minuten hell backen. Kurz abkühlen lassen, dann mit einer Palette vom Blech heben und auf Kuchengitter auskühlen lassen. Gut verpackt sind die Zuckerbrezeln 2 – 3 Wochen haltbar.

Die Variante

Gelee-Taler

Den Teig wie im Rezept beschrieben zubereiten. Daraus kleine Kugeln formen, auf ein Blech setzen und mit einem Holzlöffelstiel eine kleine Vertiefung eindrücken. 100 g Quittengelee glatt rühren, in eine kleine Plastiktüte füllen und eine kleine Ecke abschneiden. Das Gelee in die Mulden spritzen. Die Geleetaler bei 180 °C (Umluft 160 °C) etwa 15 Minuten backen. Abkühlen lassen und mit Puderzucker bestäuben.

Lucia-Gebäck
feine Hefeteigvariationen

ZUM LUCIA-FEST AM 13. DEZEMBER, DEM TAG DER LICHTERKÖNIGIN, WIRD DIESES HEFEGEBÄCK TRADITIONELL ZUBEREITET UND MIT GLÖGG ODER KAFFEE SERVIERT. DER MIT SAFRAN GEFÄRBTE TEIG WIRD VERSCHIEDEN GEFORMT UND GEFÜLLT. LUSSEKATTER (LUCIA-KATZEN), KANELBULLAR (ZIMTSCHNECKEN) UND LINDEBARN (WICKELKINDER) SIND DIE BEKANNTESTEN VARIANTEN.

Lussekatter
Safrangebäck mit Rosinen

DIE GANZ TYPISCH ZU EINEM „S" GEFORMTEN KÖSTLICHEN LUCIA-KATZEN BEKOMMEN DURCH SAFRAN IHRE SCHÖNE GELBE FARBE.

Zutaten für ca. 25 Stück

250 ml lauwarme Milch

0,3 g Safranfäden oder -pulver

1 Würfel frische Hefe oder
2 Tütchen Trockenhefe

800 g Mehl

75 g Zucker

1 gute Prise Salz

250 g Magerquark

1 Ei

50 g weiche Butter

1 Eigelb

2 EL Sahne oder Milch

1 Handvoll Rosinen

Zeitbedarf
• 30 Minuten +
  1 Stunde ruhen +
  20 Minuten backen

So geht's

1. Die Milch mit Safran und Hefe verrühren, bis sich alles gut verbunden hat. In einer Schüssel mit Mehl, Zucker, Salz, Magerquark, Ei und der klein geschnittenen Butter vermischen. Mit den Knethaken des Handrührgeräts und anschließend mit den Händen so lange kneten, bis der Teig ganz elastisch ist. Abgedeckt 40 Minuten gehen lassen.

2. Den Teig in 25 Portionen teilen. Aus jedem Teigstück gut 20 cm lange Rollen formen. An den Enden in entgegengesetzter Richtung so aufrollen, dass ein „S" entsteht. Auf ein mit Backpapier belegtes Blech legen und noch mal 20 Minuten gehen lassen.

3. Den Backofen auf 200 °C (Umluft 180 °C) vorheizen. Eigelb und Sahne oder Milch gut verquirlen. Die Lussekatter damit bestreichen und in die Rundungen an jedem Ende je 1 Rosine drücken. Im heißen Ofen in ca. 20 Minuten goldgelb backen.

FÜR LINDEBARN werden, nachdem der Teig 40 Minuten gegangen ist, zusätzlich je 75 g fein gehackte Mandeln und Orangeat untergeknetet. Zu 20 cm langen, gut fingerdicken und leicht spitz zulaufenden Rollen formen, spiralförmig aufdrehen. 20 Minuten gehen lassen. Mit verquirltem Eigelb bestreichen, mit Hagelzucker bestreuen und backen.

Kanelbullar
feine Zimtschnecken

SIE DÜRFEN BEI KEINEM KAFFEEKLATSCH FEHLEN. DAMIT SIE IHRE FORM
BEHALTEN, WERDEN SIE MEIST IN PAPIERFÖRMCHEN ZUBEREITET.

Zutaten für ca. 50 Stück

200 g weiche Butter

4 Eier (Größe M)

1 gute Prise Salz

75 g Zucker

750 g Mehl

200 ml Milch

1 Würfel (42 g) Hefe oder
2 Tütchen Trockenhefe

0,3 g Safranfäden
oder -pulver

75 g zerlassene Butter

75 g – 100 g Zucker

1 EL gem. Zimt

100 g geschälte gehackte
Mandeln

1 Eigelb

2 EL Sahne oder Milch

Zeitbedarf
• 40 Minuten +
  1 Stunde ruhen +
  25 Minuten backen

So geht's

1. Die Butter mit den Schneebesen des Handrührgeräts schaumig rühren. Eier, Salz und Zucker
   unterrühren. Das Mehl zufügen. Die Milch leicht
   erwärmen, Hefe und Safran darin auflösen und
   zu den übrigen Zutaten geben.

2. Den Teig mit den Knethaken des Handrührgeräts
   schlagen, bis er sich vom Schüsselrand löst.
   Eventuell noch etwas Mehl unterkneten. Abgedeckt 40 Minuten gehen lassen.

3. Den Teig fingerdick ausrollen (ca. 20 x 40 cm).
   Durchschneiden, sodass 2 breite Streifen entstehen. Mit Butter bestreichen, Zucker, Zimt und
   Mandeln gleichmäßig darauf verteilen. Von der
   breiten Seite her aufrollen und in fingerdicke
   Schnecken schneiden. In Papierförmchen legen
   und 20 Minuten gehen lassen.

4. Den Backofen auf 180 °C (Umluft 160 °C) vorheizen. Eigelb mit Milch oder Sahne verquirlen und
   die Schnecken damit bestreichen. 20 – 25 Minuten goldgelb backen. Gut verpackt halten sie
   sich 3 – 4 Tage.

Die Variante

Marzipanschleifen
Den Teig nach Rezept
zubereiten. 200 g Mar-
zipanrohmasse mit
1 verquirltem Eiweiß
und 3 EL Crème
fraîche glatt rühren.
Den Teig auf einer
leicht bemehlten Flä-
che zu 2 Rechtecken
(ca. 30 x 45 cm) aus-
rollen. Jeweils eine
Teighälfte auf der
Längsseite mit der
Marzipanmasse be-
streichen, die andere
Hälfte darüberklappen
und leicht festdrücken.
In 4 cm breite Streifen
schneiden, in der
Mitte einen Schlitz
einschneiden, ein
Teigende durchziehen.
Die Schleifen mit ver-
quirltem Eigelb be-
streichen und backen.

Weihnachtsreis
mit Knusperkrokant

GLÜCKSBRINGER IM GLAS: IN SKANDINAVIEN GLAUBT MAN, DASS DIE IN
DIESEM DESSERT VERSTECKTE MANDEL DEM FINDER GLÜCK BRINGT.

Zutaten für 6 Gläser à 300 ml

Für den Reis

½ l Milch

1 gute Prise gem. Kardamom

2 Tütchen Vanillezucker

125 g Milchreis

abger. Schale von ½ Bio-Zitrone

etwas gem. Muskatblüte

Zucker nach Belieben

¼ l Sahne

6 geschälte Mandeln

Für den Krokant

3 geh. EL Zucker

3 EL geschälte gehackte Mandeln

Zeitbedarf
• 50 Minuten

So geht's

1. Die Milch zusammen mit Kardamom und Vanillezucker erhitzen. Den Reis einstreuen, bei milder Hitze in ca. 30 – 35 Minuten garen. Dabei immer wieder umrühren, damit nichts am Topfboden ansetzt. Den Reis mit Zitronenschale, ein wenig gemahlener Muskatblüte und Zucker kräftig abschmecken. Abkühlen lassen.

2. Die Sahne steif schlagen und kalt stellen. Die Mandeln in die heiß ausgespülten Gläser verteilen.

3. Für den Krokant den Zucker in einer Pfanne erhitzen und schmelzen lassen. Sobald er sich leicht bräunlich verfärbt, die Mandeln zufügen und alles mit einem Holz- oder Silikonspatel gut vermischen. Die Masse auf ein Stück Alufolie gießen, mit dem Spatel glatt streichen und abkühlen lassen.

4. Zunächst nur die Hälfte der Sahne unter den lauwarmen Reis ziehen, dann den Rest sorgfältig unterheben. Den Reis in die Gläser füllen. Verschließen und bis zum Verschenken oder Genießen kalt stellen. Kühl aufbewahrt ist der Weihnachtsreis 5 – 6 Tage haltbar.

5. Den Krokant mit einem großen Messer in kleine Stücke hacken. Erst kurz vor dem Servieren auf den Reis streuen, damit sich der Zucker durch die Feuchtigkeit nicht wieder auflöst. Zum Verschenken den Krokant in ein Cellophan- oder Papiertütchen füllen und mit den Reisgläsern verschenken.

Knäckebrot
mit Sesam und Kürbiskernen

BACKEN SIE DIE KNUSPRIGEN DÜNNEN SCHEIBEN DOCH AUCH MAL IN RUNDER FORM, WIE ES IN SCHWEDEN TRADITIONELL GEMACHT WIRD.

Zutaten für ca. 24 Scheiben

350 g Dinkel-Vollkornmehl

30 g Sesamsaat

30 g zerlassene Butter oder Margarine

250 ml Wasser oder Milch

1 gestr. TL Salz

1 gute Teelöffelspitze Backpulver

2 EL grob gehackte Kürbiskerne

Zeitbedarf
• 20 Minuten +
  20 – 24 Minuten backen

So geht's

1. In einer Schüssel das Mehl und die Hälfte des Sesams mit allen anderen Zutaten, außer den Kürbiskernen, vermischen. Mit den Knethaken des Handrührgeräts zu einem festen Teig verarbeiten. Falls er zu klebrig ist, noch etwas Mehl unterkneten, ist er zu trocken, teelöffelweise noch etwas Flüssigkeit einarbeiten.

2. Den Backofen auf 200 °C (Umluft 180 °C) vorheizen. 2 Lagen Backpapier in Blechgröße vorbereiten. Den Teig halbieren und jeweils auf dem Backpapier 3–4 mm dick ausrollen (ca. 30 x 30 cm).

3. Eine Teigplatte mit dem restlichen Sesam, die andere mit den Kürbiskernen bestreuen. Gut andrücken, mit einer Gabel ein regelmäßiges Lochmuster einstechen. Mit dem Teigrädchen die Ränder glatt schneiden, dann jede Teigplatte in 12 Rechtecke schneiden.

4. Das Knäckebrot in ca. 20 Minuten hell backen. Vollständig abkühlen lassen, dann luftdicht verpacken, damit es knusprig bleibt. Es ist 3–4 Wochen haltbar.

Die Variante

Roggen-Knäcke
150 g Roggen-Vollkornmehl mit 50 g Haferflocken, 30 g Leinsamen, 160 ml Milch oder Wasser, 25 g zerlassener Butter oder Margarine, ½ TL Salz und 1 guten Teelöffelspitze Backpulver gründlich verkneten. Den Teig auf Backpapier 2–3 mm dick ausrollen, mit 2 EL Haferflocken oder Leinsamen bestreuen. In Scheiben schneiden und bei 200 °C (Umluft 180 °C) ca. 20 Minuten hell backen. Ergibt ca. 16 Scheiben.

FÜR RUNDES KNÄCKEBROT den Teig auf etwas Mehl ausrollen, mit einem Glas oder Schälchen Scheiben ausstechen. Zusätzlich ein kleines Loch in der Mitte oder in Randnähe ausstechen, dann können die Scheiben zum Verschenken auch aufgefädelt werden.

Graved Lachs
mit Honig-Senf-Sauce

DAS TROCKENBEIZEN IN EINEM ERDLOCH HAT DEM „EINGEGRABENEN"
LACHS SEINEN NAMEN GEGEBEN. HEUTE REIFT ER IM KÜHLSCHRANK.

Zutaten für 8 – 10 Portionen

1 kg frisches Lachsfilet

50 g Zitronat

½ Bund glatte Petersilie

3 EL grobes Meersalz

2 EL brauner Zucker

2 EL grob zerstoßener
weißer Pfeffer

2 EL Anissamen

Für die Sauce

4 EL Weißweinessig

3 EL Honig

4 EL körniger Senf

100 ml Öl

2 fein gehackte Cornichons

Salz, Pfeffer aus der Mühle

Zeitbedarf
• 30 Minuten +
  2 Tage beizen

So geht's

1. Das Lachsfilet kalt abspülen und sorgfältig trocken tupfen. Mit der Hautseite nach unten legen, evtl. Gräten in der Mitte mit einer Pinzette herausziehen. Das Filet quer oder längs halbieren.

2. Zitronat und Petersilie fein hacken. In einer Schüssel mit Salz, Zucker, Pfeffer und Anissamen gut vermischen. Die Gewürzmischung auf einem Filetstück verteilen, das andere Filet darauflegen [→a]. Die Folie fest um den Fisch wickeln.

3. Das Lachsfilet in einer Auflaufform mit einem Brett oder einer kleineren Form abdecken und zusätzlich beschweren. Die Form für 24 Stunden in den Kühlschrank stellen, dann den Fisch wenden und weitere 24 Stunden beizen.

4. Für die Sauce den Essig aufkochen und den Honig darin auflösen. Abkühlen lassen, dann den Senf unterrühren. Das Öl in sehr dünnem Strahl dazufließen lassen, mit einem Schneebesen zu einer dickflüssigen Emulsion schlagen. Cornichons unterrühren und mit Salz und Pfeffer abschmecken. Die Sauce ist kühl gestellt ca. 2 Wochen haltbar.

5. Den Lachs aus der Folie nehmen, die Beize abstreifen und die Filets trocken tupfen. Zum Servieren mit einem sehr scharfen Messer entweder ganz schräg zur Hautseite in dünne Scheiben schneiden oder in fingerdicke Scheiben schneiden und von der Haut ablösen. Mit der Sauce servieren. Der gebeizte Lachs hält sich im Kühlschrank (in eine Form legen und Frischhaltefolie darüberspannen) 4 – 5 Tage.

DAS IST *wirklich* WICHTIG

[a] **LACHSFILET BEIZEN** Ein Filetstück mit der Hautseite nach unten auf Frischhaltefolie legen, die Gewürzmischung gleichmäßig darauf verteilen, mit dem anderen Filetstück bedecken, sodass die Hautseite nach oben zeigt.

[a]

Glögg
mit Rosinen und Mandeln

ER ENTSPRICHT UNSEREM GLÜHWEIN, DOCH NEBEN DEN TYPISCHEN
WEIHNACHTSGEWÜRZEN IST WODKA DABEI EIN ABSOLUTES MUSS!

Zutaten für 6 Portionen

50 g Mandeln

50 g Rosinen

6 cl Wodka

2 Zimtstangen

1 Stück Ingwer (ca. 40 g)

5 – 6 Nelken

2 Kardamomkapseln

1 l Rotwein

evtl. Kandiszucker
zum Süßen

Zeitbedarf

• 20 Minuten +
24 Stunden ziehen lassen

So geht's

1. Die Mandeln mit kochendem Wasser überbrühen, abgießen und eiskalt abschrecken. Die Haut entfernen und die Mandeln halbieren.

2. Die Rosinen mit Wodka übergießen, kurz durchziehen lassen. Die Zimtstangen in Stücke brechen, den Ingwer schälen und in Scheiben schneiden. Nelken und Kardamomkapseln im Mörser grob zerkleinern.

3. Alle Gewürze in einen großen Tee-Papierfilter oder ein Mullsäckchen einbinden. In einen Topf geben, Wodka-Rosinen und Mandeln zufügen und mit dem Rotwein auffüllen. Erhitzen und bei schwacher Hitze 5 Minuten leise sieden lassen.

4. Den Glögg abgedeckt mindestens 24 Stunden durchziehen lassen. Zum Servieren wieder erhitzen und die Gewürze entfernen. Kandiszucker getrennt dazu reichen.

Die Variante

Alkoholfreier Glögg
2 Kardamomkapseln, 4 Pimentkörner und 2 Sternanis grob zerstoßen. Zusammen mit 2 Zimtstangen und 1 l schwarzem Johannisbeersaft oder Kirschsaft erhitzen, 5 Minuten leise köcheln lassen. Inzwischen je 50 g Rosinen und Mandelstifte auf 2 heiß ausgespülte Flaschen à 500 ml verteilen. Den Glögg durch ein Sieb in die Flaschen abgießen, damit die Gewürze zurückbleiben. Gut verschließen und mindestens 2 Tage durchziehen lassen. 8 – 10 Tage haltbar.

ZUM VERSCHENKEN den Glögg ohne Mandeln zubereiten, noch heiß in Flaschen abfüllen und durchziehen lassen. Die Mandeln in einem kleinen Säckchen an die Flaschen binden.

Italien

Buon Natale!

OB AMARETTI, PANETTONE, PASTA & PESTO:
MIT DIESEN SPEZIALITÄTEN KANN MAN SICH
GANZ EINFACH EIN STÜCKCHEN SÜDEN IN
DIE KALTE JAHRESZEIT HOLEN.

Panettone
mit Mandeln & Früchten

DER TRADITIONELLE WEIHNACHTSKUCHEN KOMMT HIER GLEICH IN EINER PRAKTISCHEN „FRISCHHALTEVERPACKUNG" IN DEN BACKOFEN.

Für 10 Gläser à 250 ml

100 g Orangeat

75 g getr. Pflaumen

50 g Rosinen

50 g gehackte Mandeln

4 EL Orangenlikör oder Zwetschgenschnaps

400 g Mehl

1 Würfel Hefe (42 g) oder 2 Tütchen Trockenhefe

125 g Zucker

175 ml lauwarme Milch

125 g weiche Butter

4 Eigelb (Größe M)

1 Prise Salz

abger. Schale von 1 Bio-Zitrone

Butter und Mehl für die Gläser

Zeitbedarf
• 35 Minuten +
  90 Minuten ruhen +
  30 – 40 Minuten backen

So geht's

1. Orangeat und Pflaumen fein hacken. Zusammen mit den Rosinen und Mandeln in einer Schale mit dem Alkohol vermischen und zugedeckt 30 Minuten durchziehen lassen.

2. Inzwischen das Mehl in eine Schüssel sieben. In eine Vertiefung in der Mitte die Hefe bröckeln oder streuen. Mit 1 EL Zucker bestreuen und mit der Hälfte der Milch von der Mitte her verrühren, bis sich die Hefe aufgelöst hat. Den Vorteig abgedeckt 30 Minuten gehen lassen.

3. Restliche Mengen Zucker und Milch zum Teig geben, klein geschnittene Butter, Eigelbe, Salz und Zitronenschale zufügen. Alle Zutaten mit den Knethaken des Handrührgeräts so lange schlagen, bis sich der Teig vom Schüsselrand löst. Nochmals 30 Minuten gehen lassen.

4. Die marinierten Früchte unter den Teig kneten. Die Gläser mit Butter ausstreichen und mit etwas Mehl ausstäuben. Den Teig in die Gläser verteilen. Abgedeckt weitere 30 Minuten gehen lassen.

5. Den Backofen auf 200 °C (Umluft 180 °C) vorheizen. Die Gläser auf ein Blech stellen, in den Backofen schieben, die Glasmitte sollte ungefähr in Höhe der Backofenmitte sein. 30 – 40 Minuten backen. Bei der Stäbchenprobe sollte kein Teig am Holzspießchen mehr kleben bleiben.

6. Die Kuchen abkühlen lassen. Die Gläser verschließen und an einem kühlen Ort aufbewahren. Ungeöffnet sind die Panettone 3 – 4 Wochen haltbar.

Panettone

24

dicembre

Cantuccini
mit Mandeln und Orangen

DIE KNUSPRIGEN SCHEIBCHEN, HIER MAL ALS STANGEN, SCHMECKEN ZUM SÜSSEN DESSERTWEIN UND AUCH ZUM WEIHNACHTLICHEN GLÜHWEIN.

Zutaten für ca. 70 Stück

80 g Mandeln

80 g Orangeat

250 g Mehl

220 g Zucker

1 Päckchen Vanillezucker

je 1 gute Prise Muskatblüte und Kardamom

1 Prise Salz

1 TL Backpulver

3 Eier (Größe M)

2–3 EL Orangensaft oder -likör

Zeitbedarf

• 25 Minuten +
  ca. 45 Minuten backen

So geht's

1. Die Mandeln grob hacken. Das Orangeat fein hacken. In einer Schüssel mit Mehl, Zucker, Vanillezucker, Gewürzen, Salz und Backpulver gründlich vermischen. Den Backofen auf 180 °C (Umluft 160 °C) vorheizen.

2. Die Eier mit einer Gabel gut verquirlen und unterrühren. Zuerst nur 1–2 EL Saft oder Likör unterkneten. Falls der Teig zu trocken ist, noch etwas mehr Flüssigkeit einarbeiten. Den Teig vierteln und auf der bemehlten Arbeitsfläche jeweils zu 15 cm breiten gut fingerdicken Platten ausrollen oder flach drücken.

3. Mit etwas Abstand auf ein mit Backpapier belegtes Blech legen und im heißen Ofen in 18–20 Minuten hellgelb backen. Aus dem Ofen nehmen und die Platten noch warm in fingerdicke Stangen schneiden. Die Stangen etwas auseinanderziehen, damit sie besser trocknen können. Den Ofen auf 140 °C (Umluft 120 °C) zurückschalten und die Cantuccini 20–25 Minuten trocknen lassen.

4. Die Cantuccini anschließend vollständig auskühlen lassen, sie sind dann ganz hart und knusprig. Luftdicht verpackt lassen sie sich 2–3 Monate aufbewahren.

Feigenkugeln
mit Mandelkruste

SIE SEHEN EHER UNSCHEINBAR AUS, DOCH UNTER DEM KNUSPRIGEN TEIGMANTEL VERBIRGT SICH EINE FRUCHTIGE FEIGEN-ROSINEN-FÜLLUNG.

Zutaten für ca. 40 Stück

Für die Füllung

60 g getr. Feigen

30 g Rosinen

2 EL Marsala (ital. Süßwein) oder Orangensaft

je 1 gute Prise gem. Zimt und Kardamom

Für den Teig

200 g Mandeln

125 g weiche Butter

150 g Mehl

50 g Puderzucker

abger. Schale von ½ Bio-Zitrone

1 Eigelb

Puderzucker zum Bestäuben

Zeitbedarf
• 45 Minuten +
  12 – 15 Minuten backen

So geht's

1. Für die Füllung die Feigen fein hacken. In einer Schüssel mit den Rosinen, Marsala oder Saft und den Gewürzen gut vermischen. Zugedeckt 15 Minuten durchziehen lassen.

2. Die Mandeln in kochendes Wasser geben, einmal aufkochen lassen und in ein Sieb abschütten. Mit kaltem Wasser abschrecken. Die Haut entfernen. Die geschälten Mandeln auf Küchenpapier oder einem Küchentuch ausbreiten, damit sie trocknen können. Dann im Mixer fein mahlen.

3. Die Butter mit den Schneebesen des Handrührgeräts oder in der Küchenmaschine schaumig rühren. Mehl, 100 g der Mandeln, Puderzucker, Zitronenschale und Eigelb zufügen und alles zu einem weichen Teig kneten. 2 ca. 25 cm lange Rollen formen.

4. Den Backofen auf 180 °C (Umluft 160 °C) vorheizen. Die Rollen in ca. 1 cm dicke Scheiben schneiden, etwas flach drücken. Ein wenig Füllung daraufgeben und zu einer Kugel rollen.

5. Die Kugeln in den übrigen gemahlenen Mandeln wälzen und auf ein mit Backpapier belegtes Blech setzen. Die Feigenkugeln im heißen Backofen in 12 – 15 Minuten hellgelb backen. Mit Puderzucker überstäuben und abkühlen lassen. Gut verpackt sind die Kugeln 2 – 3 Wochen haltbar.

Pinienseufzer
mit Mandeln

FÜR DIE MAKRONENMASSE SIND GESCHÄLTE UND GEMAHLENE MANDELN
DIE FEINE ERGÄNZUNG FÜR DAS NUSSIGE AROMA DER PINIENKERNE.

Zutaten für ca. 120 Stück

200 g Mandeln

175 g Pinienkerne

300 g Zucker

1 Prise Salz

abger. Schale von
½ Bio-Zitrone

2 Eiweiß (Größe M)

Zeitbedarf
• 30 Minuten +
  8 – 10 Minuten backen

So geht's

1. Die Mandeln in kochendes Wasser geben, einmal aufkochen lassen und in ein Sieb abgießen. Mit kaltem Wasser abschrecken. Die Haut entfernen, die geschälten Mandeln auf Küchenpapier oder einem Küchentuch zum Trocknen ausbreiten.

2. Von den Pinienkernen etwa 120 Stück beiseitelegen. Die übrigen Kerne zusammen mit den Mandeln fein mahlen. In einer Schüssel mit Zucker, Salz und Zitronenschale gut vermischen.

3. Den Backofen auf 180 °C (Umluft 160 °C) vorheizen. Die Eiweiße mit einer Gabel gründlich verquirlen und unter die Mischung rühren. Die Masse soll weich, gerade noch formbar sein. Mit einem Teelöffel kirschgroße Häufchen auf ein mit Backpapier belegtes Blech setzen. Jeweils mit 1 Pinienkern belegen.

4. Die Pinienseufzer im heißen Ofen in 8 – 10 Minuten hell backen. Etwas abkühlen lassen, dann erst vom Papier lösen und auf Kuchengitter setzen. Vollkommen auskühlen lassen, dann in fest schließende Dosen verpacken. Die Pinienseufzer sind 3 – 4 Wochen haltbar.

Die Variante

Amaretti
2 Eiweiße mit 1 Prise Salz sehr steif schlagen. 100 g Zucker dazugeben und kurz weiterschlagen.
200 g gemahlene Mandeln mit 100 g Zucker und 6 – 8 Tropfen Bittermandelöl vermischen, unter die Eischneemasse heben. Mithilfe eines Spritzbeutels kirschgroße Tupfen auf ein mit Backpapier belegtes Blech spritzen. Bei 160 °C (Umluft 140 °C) 14 – 16 Minuten hell backen. In Dosen verpackt sind die Amaretti 3 – 4 Wochen haltbar. Die Masse ergibt etwa 120 Stück.

Mandelkuchen
aus Sizilien

KÜHL GELAGERT KÖNNEN DIE KLEINEN KUCHEN UNTER DER ZITRONENGLASUR BIS ZUM VERSCHENKEN SCHÖN DURCHZIEHEN.

Zutaten für 3 Kuchen (18 cm Ø)

Für den Teig

200 g Mandeln

175 g Zucker

75 g Mehl

1 geh. EL Backpulver

4 Eigelb

0,1 l Orangensaft

4 Eiweiß

1 Prise Salz

Für die Glasur

125 g Puderzucker

3 – 4 EL Zitronensaft

Zeitbedarf
- 30 Minuten +
  ca. 45 Minuten backen

So geht's

1. Die Mandeln in kochendes Wasser geben, einmal aufkochen lassen. In ein Sieb abgießen, kalt abschrecken und die Haut abziehen. Die Mandeln auf einem Tuch ausbreiten und trocknen lassen. Anschließend im Mixer fein mahlen.

2. In einer Schüssel Mandeln, ⅔ des Zuckers, Mehl und Backpulver gut vermischen. Die Eigelbe und den Orangensaft zufügen und unterrühren.

3. Die Eiweiße mit Salz steif schlagen. Den restlichen Zucker einrieseln lassen, dabei weiterschlagen. Den Eischnee auf den Teig häufen und mit einem Spatel sorgfältig unterheben.

4. Den Backofen auf 180 °C (Umluft 160 °C) vorheizen. Den Boden der Backformen mit Backpapier auslegen. Den Teig einfüllen und glatt streichen. 45 – 50 Minuten backen. Kurz abkühlen lassen, dann den Rand mit einem Messer lösen und die Kuchen zum Abkühlen auf ein Kuchengitter stürzen. Das Papier abziehen.

5. Puderzucker mit Zitronensaft zu einer dünnflüssigen Glasur verrühren. Mit einem Messer auf den Kuchen verstreichen. Gut trocknen lassen, dann fest in Cellophan oder Dosen verpacken. Die Kuchen sind 3 – 4 Wochen haltbar.

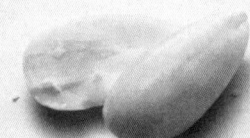

VERZIEREN kann man die Mandelkuchen nach dem Glasieren noch mit fein gewürfeltem Zitronat oder halbierten geschälten Mandeln. Statt 3 kleinen kann man auch 1 großen Kuchen (26 cm Ø) aus der Teigmenge backen.

Torta di mandorle

Grissini
mit Kräutern

DIE TYPISCH ITALIENISCHEN KNUSPERSTANGEN SIND, AUCH MIT PARMA-SCHINKEN UMWICKELT, IDEAL ZUM APERITIF ODER ZU EINEM GLAS WEIN.

Zutaten für ca. 50 Stück

150 ml lauwarmes Wasser

150 ml Milch

20 g frische Hefe oder 1 Tütchen Trockenhefe

1 gestr. TL Zucker

500 g Mehl

2 – 3 TL Salz

4 EL Olivenöl

je 1 EL Oregano und Thymian (getr. oder frisch gehackt)

Pfeffer aus der Mühle

Zeitbedarf

· 40 Minuten +
  75 Minuten ruhen +
  15 – 20 Minuten backen

So geht's

1. Das Wasser und die Milch in eine Schüssel füllen, Hefe und Zucker einrühren. Mehl, Salz und Öl dazugeben, so lange kneten, bis sich der Teig vom Schüsselrand löst. Mit einem Tuch abgedeckt 45 Minuten gehen lassen.

2. Den Teig noch mal durchkneten, dabei die gehackten Kräuter unterkneten. Kräftig mit Pfeffer würzen.

3. Den Teig auf der Arbeitsfläche zu einem Rechteck (ca. 40 x 40 cm) ausrollen. Mit dem glatten Teigrädchen oder einem Pizzaschneider längs halbieren. Jede Platte in ca. 25 Streifen schneiden, jeden zu einem langen dünnen Strang rollen und auf ein mit Backpapier belegtes Blech legen. Nochmals 30 Minuten gehen lassen.

4. Den Backofen auf 200 °C (Umluft 180 °C) vorheizen. Die Grissini im heißen Ofen ca. 15 – 20 Minuten backen. Vor dem Verpacken gut auskühlen lassen.

SO SCHMECKT'S AUCH Die Kräuter kann man auch durch gehackte Rosmarinnadeln ersetzen. Gut schmecken die Grissini auch, wenn man 50 g fein gehackte getrocknete Tomaten oder 4 EL gehackte Walnusskerne unter den Teig knetet.

Blutorangen-Sirup
mit Campari

MIT DIESEM KONZENTRAT LÄSST SICH GANZ SCHNELL EIN WINTERLICHER „APEROL-SPRIZZ" ODER EIN WÄRMENDER FRUCHTPUNSCH ZUBEREITEN.

Zutaten für ca. 1 l Sirup

1,5 kg Blutorangen

2 Bio-Zitronen

400 g Zucker

1 EL Nelken

½ EL Pimentkörner

2 Zimtstangen

100 ml Campari

Zeitbedarf

- 10 Minuten +
  30 – 40 Minuten kochen

So geht's

1. Die Orangen auspressen und 0,75 l abmessen, den übrigen Saft anderweitig verwenden. Die Zitronen heiß waschen und in dünne Scheiben schneiden.

2. Orangensaft, Zitronenscheiben, Zucker, die Gewürze und den Campari in einem Topf erhitzen und unter gelegentlichem Rühren 30 – 40 Minuten bei milder Hitze köcheln lassen. Die Flüssigkeit sollte dabei auf ca. 1 l reduziert werden.

3. Den Sirup durch ein Sieb abgießen und in kochend heiß ausgespülte Flaschen füllen. Verschließen und abkühlen lassen. Der Sirup hält sich 6 – 8 Wochen. Einmal angebrochene Flaschen im Kühlschrank aufbewahren.

FÜR EINEN APERITIF ein Sektglas zur Hälfte mit dem Sirup füllen und mit gekühltem Sekt oder Prosecco auffüllen. Für einen Punsch den Sirup mit Multivitaminsaft oder Früchtetee (im Verhältnis 1:3) erhitzen.

Die Variante

Glühwein-Sirup
½ l Weißwein mit der Schale von 1 Bio-Zitrone, je 1 EL Nelken und Piment, 2 Kardamomkapseln und ½ l hellem Traubensaft erhitzen. 4 – 5 EL weißen Kandiszucker (nach gewünschter Süße) unterrühren. Bei schwacher Hitze 15 Minuten leise köcheln lassen. Durch ein Sieb abgießen. In heiß ausgespülte Flaschen füllen, verschließen und abkühlen lassen. Zum Servieren 4 cl Sirup mit kaltem Prosecco oder Sekt aufgießen. Oder mit Apfelsaft, weißem Traubensaft oder leichtem Schwarztee im Verhältnis 1:3 mischen und erhitzen.

Honigmischungen

raffiniert parfümiert

AUS EINFACHEM, ABER QUALITATIV GUTEM BLÜTENHONIG LASSEN SICH LEICHT INDIVIDUELLE LIEBLINGSMISCHUNGEN HERSTELLEN, DIE VIELSEITIG EINSETZBAR SIND: EINFACH MIT DEM WÜRZIGEN GESCHMACK SÜDLICHER KRÄUTER ODER FRÜCHTE KOMBINIEREN UND GENIESSEN.

ROSMARIN- UND THYMIANHONIG

2 kleine Zweige Rosmarin oder Thymian heiß waschen und trocken tupfen. Auf 2 heiß ausgespülte Gläser à 250 ml verteilen und mit 500 g flüssigem Honig auffüllen. Die Gläser verschließen und den Honig mindestens 1 Woche durchziehen lassen.
Schmeckt über frischen Ziegenkäse geträufelt oder auf Bauernbrot mit Frischkäse.

ROSEN- UND LAVENDELHONIG

500 g flüssigen Honig mit 3–5 Tropfen natürlichem ätherischem Rosenöl (aus der Apotheke) parfümieren. Eventuell mit einigen getrockneten Blättern einer ungespritzten Duftrose auf 2 heiß ausgespülte Gläser verteilen.
Gibt Desserts oder Drinks (z. B. Milchshakes) einen ganz besonderen Geschmack.
Für einen Lavendelhonig 1 gehäuften EL unbehandelte getrocknete Lavendelblüten mit 3–5 Tropfen natürlichem ätherischem Lavendelöl unter 500 g flüssigen Honig rühren.
Den Honig eventuell auch nur mit Lavendelöl parfümieren.
Schmeckt gut zu dünnen Pfannkuchen und zu frischem Schafs- oder Ziegenkäse.

ORANGENHONIG

Von 2 Bio-Orangen mit dem Sparschäler die Schale dünn, ohne weiße Haut, abschälen. Die Schalenstücke bei Zimmertemperatur in 2–3 Tagen trocknen lassen. In größere Stücke brechen und unter 500 g flüssigen Blütenhonig rühren. Je nach Geschmack zusätzlich einige Tropfen natürliches ätherisches Orangenöl (aus der Apotheke) unterrühren. In Gläser abfüllen, verschließen und dann mindestens 3–4 Tage durchziehen lassen.
Passt zum Frühstücksbrötchen und eignet sich zum Süßen von Desserts oder Tee.

TRÜFFELHONIG

Eine besonders edle Variante, die als „Abfallprodukt" entsteht, wenn man ein Gericht mit weißen Trüffeln zubereitet. Trüffel (ca. 80 g) gründlich reinigen, die Schale hauchdünn mit einem Sparschäler entfernen und in sehr feine Streifen oder Würfel schneiden. Unter 250 g Honig rühren und gut verschlossen 6–8 Tage durchziehen lassen. Als Ersatz kann man eventuell einige Tropfen weißes Trüffelöl verwenden.
Schmeckt sehr gut zu Pecorino, Grana oder Ziegenfrischkäse.

Tagliatelle
& Papardelle

DIE HANDGEMACHTEN NUDELPÄCKCHEN AUS DER EIGENEN PASTA-MANUFAKTUR KOMMEN ALS GESCHENK IMMER SEHR GUT AN!

Zutaten für ca. 1 kg Nudeln

400 g Hartweizenmehl

400 g Hartweizengrieß

1 TL Salz

400 ml Wasser

6 EL Olivenöl

Zeitbedarf

- 50 Minuten +
  2 Stunden ruhen

So geht's

1. Alle Zutaten in einer Schüssel gründlich verrühren. Die Masse bleibt dabei sehr bröselig. Dann auf die Arbeitsfläche schütten und mindestens 10 Minuten kräftig durchkneten. Der Teig wird dabei immer elastischer und homogener. Falls er doch noch zu bröselig ist, löffelweise bis zu 4 EL Wasser unterkneten. In Frischhaltefolie gewickelt 2 Stunden ruhen lassen.

2. Die Arbeitsfläche leicht mit Mehl oder Grieß bestäuben. Den Teig in 4 Portionen teilen. Jeweils eine Portion messerrückendick ausrollen. Das kostet etwas Kraft, denn der elastische Teig zieht sich immer wieder leicht zusammen. Die Oberfläche leicht bemehlen. 10 Minuten antrocknen lassen.

3. Die Teigplatten jeweils ganz locker aufrollen oder übereinanderschlagen. Mit einem scharfen Messer in fingerbreite Tagliatelle oder breitere Papardelle schneiden. Zum Trocknen über einem Besenstiel oder den Seilen eines Wäschetrockners aufhängen.

4. Die Nudeln entweder hängend ganz trocknen lassen und anschließend in entsprechend lange Schachteln oder große Tüten verpacken. Oder, solange sie noch ein wenig elastisch sind, zu Nudelnestern formen, auf einem bemehlten oder mit Grieß bestreuten Tablett ausbreiten und gut trocknen lassen. Danach in Cellophantüten, Kartons oder Gläser verpacken. Die Pasta ist mehrere Monate haltbar.

Birnen-Mostarda
mit Orangen

DIE FEINEN SENF-BIRNEN SCHMECKEN AUSGEZEICHNET ZU GEKOCHTEM
FLEISCH UND ZU GEREIFTEM HARTKÄSE ODER BLAUSCHIMMELKÄSE.

Für 4 Gläser à 500 ml

1,5 kg feste Birnen

Saft von 1 Zitrone

1 Bio-Orange

¼ l Wasser

500 g Zucker

1 EL Pfefferkörner

3 EL Senfkörner

4 Sternanis

1 TL Nelken

1 EL rosa Pfefferbeeren

½ TL Salz

150 ml Weißweinessig

Pfeffer aus der Mühle

Zeitbedarf
• 40 Minuten

So geht's

1. Die Birnen schälen, achteln, dabei das Kerngehäuse entfernen. In einer Schüssel mit Zitronensaft beträufeln. Die Orange in ½ cm dicke Scheiben schneiden, diese dann in Viertel teilen.

2. In einem Topf Wasser und Zucker aufkochen.
Portionsweise die Birnenspalten darin 5 – 7 Minuten leise köcheln lassen, bis sie glasig sind.
Mit einem Schaumlöffel herausheben und zurück in die Schüssel legen. Die Orangenviertel
ebenfalls 5 Minuten köcheln lassen, dann herausheben.

3. Pfeffer- und Senfkörner in einem Mörser leicht
zerstoßen. In den Zuckersirup geben, die anderen Gewürze und den Essig zugeben. Den Sud
10 Minuten leise köcheln lassen.

4. Birnen und Orangen in heiß ausgespülte Gläser
schichten, sodass sie zu ¾ gefüllt sind. Mit dem
heißen Sud aufgießen, dabei die Gewürze gleichmäßig auf die Gläser verteilen. Verschließen und
abkühlen lassen. Mindestens 1 Woche durchziehen lassen. Ungeöffnet sind die Senf-Birnen
4 – 5 Wochen haltbar.

Die Variante

Balsamico-Zwiebeln
1,2 kg kleine rote
Zwiebeln und 6 Knob-
lauchzehen schälen.
100 g Rosinen mit
6 cl Grappa übergie-
ßen und durchziehen
lassen. 400 ml weißen
Balsamico-Essig
mit 700 ml Wasser,
250 g Kandiszucker,
3 EL Senfkörnern,
1 EL Nelken, je
1 EL Piment- und
Pfefferkörnern auf-
kochen. Zwiebeln,
Knoblauch und Rosi-
nen zufügen, etwa
20 Minuten köcheln,
bis die Zwiebeln gar
sind. In Gläser abfül-
len, verschließen und
mindestens 1 Woche
durchziehen lassen.
Ungeöffnet 3 – 4 Wo-
chen haltbar.

Pesto

Pesto-Variationen
zu Pasta & Brot

DIE FEINEN PASTEN SIND IM KÜHLSCHRANK UNGEÖFFNET 5–6 WOCHEN HALTBAR. NACH GEBRAUCH IMMER WIEDER MIT ETWAS ÖL AUFFÜLLEN. PRIMA ALS SCHNELLE PASTA-SAUCE ODER WÜRZIGER BROTAUFSTRICH.

PINIEN-PESTO

100 g Mandeln in kochendem Wasser aufkochen lassen, in ein Sieb abgießen, kalt abschrecken, die Haut abziehen. Mandeln auf einem Küchentuch trocknen lassen. 100 g Pinienkerne in einer Pfanne rösten, herausnehmen und abkühlen lassen. Pinienkerne, Mandeln, 2–3 Knoblauchzehen und 50 g Grana- oder Parmesankäse im Mixer fein mahlen. 120–140 ml Olivenöl untermixen, sodass eine streichfähige Paste entsteht. Mit Salz, Pfeffer und Zitronenschale kräftig abschmecken. In 2 kochend heiß ausgespülte Gläser à 200 ml füllen, die Oberfläche mit etwas Olivenöl bedecken.

HASELNUSS-PESTO

200 g Haselnüsse in der Pfanne rösten, bis die Haut leicht abplatzt. Zwischen einem Küchentuch durch Rubbeln die Schale lösen. Die abgekühlten Nüsse mit 2 geschälten Knoblauchzehen, 40 g hartem Pecorino, etwas Meersalz und ca. 160 ml Olivenöl im Mixer fein mahlen. Mit Salz und Pfeffer abschmecken, eventuell noch etwas Öl untermixen. In 2 kochend heiß ausgespülte Gläser à 200 ml füllen. Die Oberfläche mit etwas Olivenöl bedecken.

TOMATEN-PESTO

3 EL Sonnenblumenkerne in einer Pfanne kräftig rösten. 150 g getrocknete Tomaten, 3 geschälte Knoblauchzehen und 50 g Parmesan- oder Granakäse grob hacken. Alles zusammen im Mixer mit der abgeriebenen Schale von ½ Bio-Zitrone, 1 EL Tomatenmark und ca. 175 ml Olivenöl zu einer cremigen Paste verarbeiten. Mit Salz und grobem Pfeffer kräftig abschmecken, in 2 kochend heiß ausgespülte Gläser à 200 ml abfüllen. Die Oberfläche mit etwas Olivenöl bedecken.

PETERSILIEN-PESTO

Von 2 großen Bund glatter Petersilie die Blätter abzupfen und mit 75 g geschälten Mandeln, 75 g zerkleinertem Pecorino oder Parmesan, ½ TL grobem Meersalz und 6–8 Pfefferkörnern im Mixer fein zerkleinern. 150–175 ml Olivenöl dazufließen lassen, weiter mixen, bis eine feine Paste entstanden ist. Mit Salz und Pfeffer abschmecken, in 2 kochend heiß ausgespülte Gläser à 200 ml füllen. Die Oberfläche mit etwas Olivenöl bedecken.

Österreich

Frohe Weihnachten!

VOR ALLEM FÜR MEHLSPEISEN UND GEBÄCK IST
DIE ALPENREPUBLIK JA BEKANNT UND BERÜHMT.
SIE HAT ABER AUCH EINIGES AN HERZHAFTEN
SCHMANKERLN ZU BIETEN.

Sachertörtchen
verführerisch gut

DIESEM ÖSTERREICHISCHEN KLASSIKER KÖNNEN SCHOKOLADEN-FANS NICHT WIDERSTEHEN! IM MINIFORMAT AUCH EIN WUNDERBARES GESCHENK!

Zutaten für 2 Törtchen (18 cm Ø)

Für den Teig

125 g Zartbitter-Schokolade oder dunkle Kuvertüre

100 g weiche Butter

125 g Puderzucker

1 Päckchen Vanillezucker

6 Eier (Größe M)

1 Prise Salz

50 g Zucker

125 g Mehl

2 geh. EL Kakao

Für die Glasur

200 g Aprikosenkonfitüre

150 g Bitterschokolade

200 g Zucker

Zeitbedarf

• 40 Minuten +
  60 Minuten backen +
  2 Stunden abkühlen

So geht's

1. Die Schokolade grob hacken und im Wasserbad schmelzen. Die Butter mit den Schneebesen des Handrührgeräts schaumig rühren. Puderzucker und Vanillezucker unterrühren.

2. Die Eier trennen, die Eigelbe nach und nach unter die Creme schlagen. Die Schokolade unterrühren. Die Eiweiße mit Salz sehr steif schlagen, den Zucker einrieseln lassen und unterschlagen. Eischnee zusammen mit Mehl und Kakao sorgfältig unter den Teig heben.

3. Den Backofen auf 180 °C (Umluft 160 °C) vorheizen. Den Boden der Springformen mit Backpapier auslegen. Den Teig einfüllen und glatt streichen. 15 Minuten bei leicht geöffneter Türe (Holzlöffel einklemmen) backen. Die Temperatur auf 150 °C (Umluft 130 °C) reduzieren und die Kuchen in 45 Minuten fertig backen. Etwas abkühlen lassen, aus der Form lösen und vollständig auskühlen lassen.

4. Für die Glasur die Aprikosenkonfitüre erwärmen und glatt rühren, bei zu großen Fruchtstückchen evtl. durch ein Sieb streichen. Die Törtchen quer halbieren, mit der Hälfte der Konfitüre füllen und wieder zusammensetzen. Rundum mit der restlichen Konfitüre bestreichen.

5. Die Schokolade in Stücke brechen, mit Zucker und ⅛ l Wasser 5–6 Minuten kochen lassen [→a]. Die Törtchen damit überziehen und trocknen lassen. Evtl. mit einem Schriftzug aus geschmolzener Schokolade verzieren. Gut verpackt 2–3 Wochen haltbar.

SO SCHMECKT'S AUCH Vor dem Füllen kann man die Tortenböden noch mit je 2 EL Aprikosenlikör oder -schnaps beträufeln. Aus der Teigmenge lässt sich auch 1 große Torte (26 cm Ø) backen.

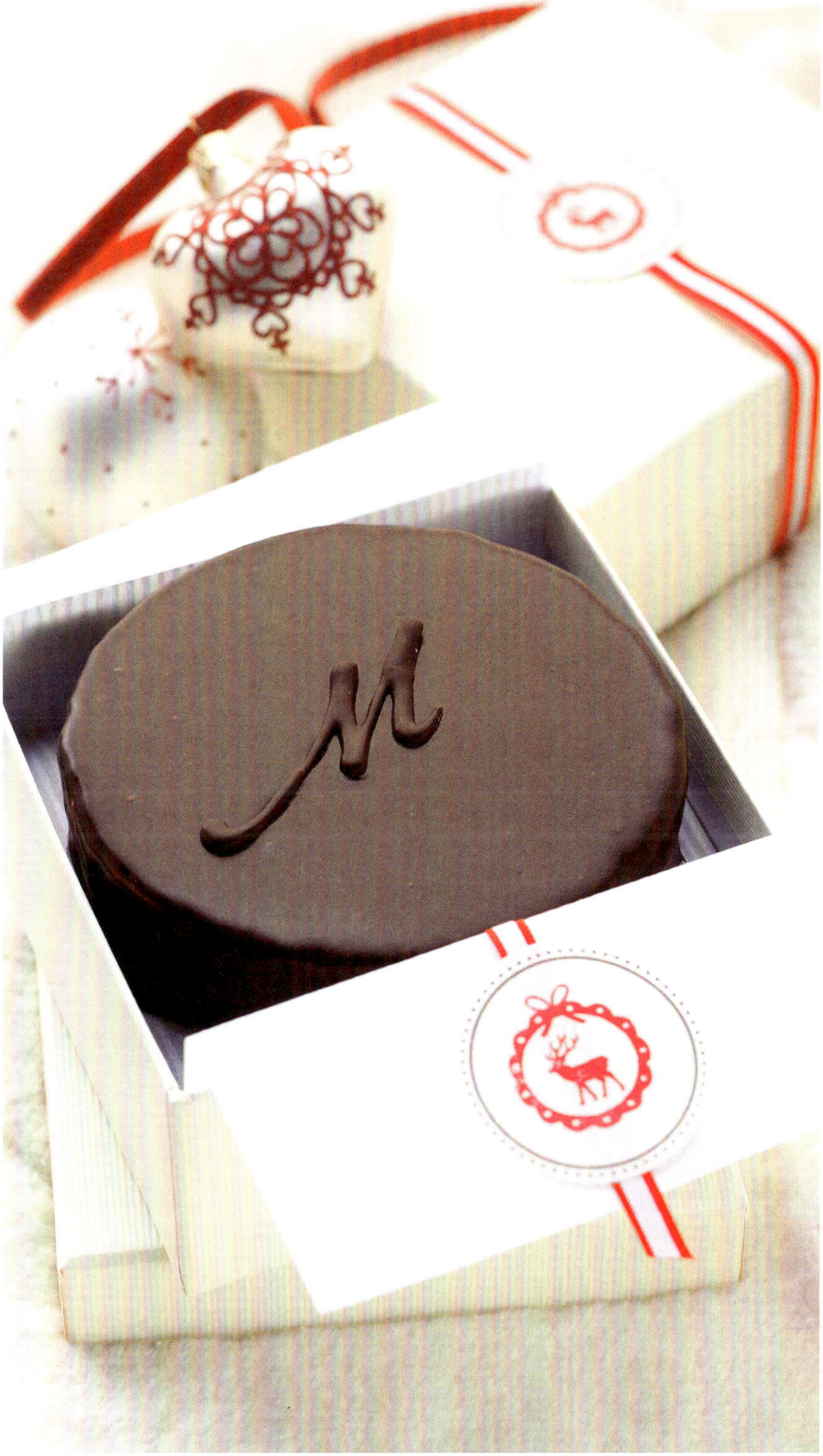

DAS IST *wirklich* WICHTIG

[a] DIE GLASUR wird hier nicht aus Kuvertüre, sondern aus Schokolade zubereitet. Damit sie die richtige Konsistenz bekommt, ist es wichtig, dass der Topf nicht zu klein ist (ca. 18 cm Ø) und die Schokoladenmasse bei guter Hitze 5 – 6 Minuten sprudelnd kocht.

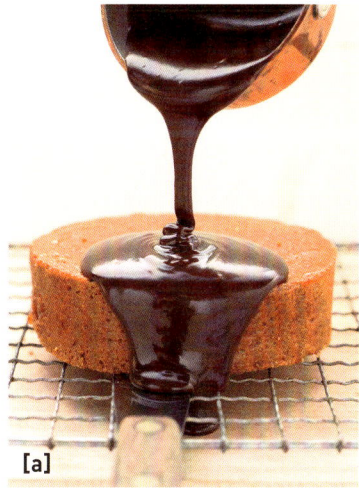

[a]

Kipferln
feine Variationen

DAS KÜRBISKERNKIPFERL KANN MIT KLASSISCHEN VANILLEKIPFERLN
GUT MITHALTEN. UND AUCH DIE ANDEREN VARIANTEN MIT NÜSSEN,
SCHOKOLADE ODER KROKANT ZERGEHEN AUF DER ZUNGE!

KÜRBISKERNKIPFERLN

Zutaten für 60 Stück

280 g Mehl

80 g Zucker

100 g gem. Kürbiskerne

1 TL gem. Ingwer

210 g weiche Butter

2–3 EL Puderzucker

100 g helle Kuvertüre

SO GEHT'S

Aus Mehl, Zucker, Kürbiskernen, Ingwer und
Butter einen Mürbeteig kneten. Rollen mit
ca. 3 cm Ø formen, in fingerdicke Scheiben
schneiden und zu kleinen Hörnchen formen.
Auf ein mit Backpapier belegtes Blech setzen
und 1 Stunde kalt stellen, damit sie beim
Backen später nicht auseinanderlaufen.
Die Kipferln im vorgeheizten Backofen bei
180 °C (Umluft 160 °C) 15 – 18 Minuten
backen. Noch warm in Zucker wälzen, anschließend zur Hälfte in geschmolzene helle
Kuvertüre tauchen und trocknen lassen. Gut
verpackt sind sie 3 – 4 Wochen haltbar.

VANILLEKIPFERLN

Aus 280 g Mehl, 70 g Zucker, 100 g gemahlenen geschälten Mandeln und 210 g weicher Butter einen Mürbeteig kneten, Kipferln formen, kalt stellen und backen. In einem Suppenteller 100 g Puderzucker und 2 Päckchen Bourbon-Vanillezucker gut vermischen. Die Kipferln noch warm mit einer Palette vom Blech heben, in der Zuckermischung wälzen. Auf einem Kuchengitter abkühlen lassen.

HASELNUSSKIPFERLN

Dafür 280 g Mehl, 100 g Zucker, 1 Päckchen Vanillezucker, je 1 gute Prise Nelken und Zimt mit 100 g gemahlenen Haselnüssen und 220 g weicher Butter zu einem Mürbeteig kneten. Kipferln formen, kalt stellen und backen. Die abgekühlten Kipferln nur mit den Spitzen in 100 g geschmolzene dunkle Kuvertüre tauchen.

SCHOKOLADENKIPFERLN

50 g gemahlene Mandeln oder Haselnüsse, 50 g Kakao und 280 g Mehl gut vermischen. Mit 100 g Zucker, ¼ TL Zimt und 220 g weicher Butter zu einem Mürbeteig verkneten. Kipferln formen, kalt stellen und backen. Abgekühlt mit den Spitzen in 100 g geschmolzene helle Kuvertüre tauchen und trocknen lassen.

KNUSPERKIPFERLN

Aus 280 g Mehl, 50 g gemahlenen Mandeln, 80 g Zucker, 75 g Haselnusskrokant und 220 g weicher Butter einen Mürbeteig kneten. Kipferln formen, kalt stellen und backen. Noch warm in Zucker wälzen.

Nuss-Busserln
feine Makronen

BEI DER WEIHNACHTSBÄCKEREI BLEIBT IMMER WIEDER EIWEISS ÜBRIG.
BEI DIESEM KÖSTLICHEN NUSSGEBÄCK FINDET ES SEINE IDEALE VERWERTUNG.

Zutaten für ca. 120 Stück

ca. 120 Haselnüsse (ca. 80 g)

3 Eiweiß (Größe M)

1 Prise Salz

1 Spritzer Zitronensaft

210 g Zucker

150 g gem. Haselnüsse

je 1 gute Prise gem. Zimt,
Nelken und Piment

Zeitbedarf
• 30 Minuten +
  ca. 15 Minuten backen

So geht's

1. Die Haselnusskerne in einer Pfanne oder im Backofen rösten, bis die Haut leicht abplatzt. In ein Küchentuch einschlagen und die Haut damit abrubbeln.

2. Die Eiweiße mit den Schneebesen des Handrührgeräts sehr steif schlagen. Salz und Zitronensaft unterschlagen. Den Zucker portionsweise dazugeben, dabei ständig weiterrühren. Die Masse so lange schlagen, bis sich der Zucker fast vollständig aufgelöst hat.

3. Den Backofen auf 150 °C (Umluft 130 °C) vorheizen. Die gemahlenen Haselnüsse mit den Gewürzen unter die Schaummasse heben. In einen Spritzbeutel mit Lochtülle füllen und kirschgroße Tupfen auf ein mit Backpapier belegtes Blech spritzen. In die Mitte jeweils 1 Haselnuss setzen.

4. Die Busserln im vorgeheizten Backofen in 15 – 18 Minuten hell backen. Sie dürfen noch einen kleinen weichen Kern haben, der beim Auskühlen fester wird. Vom Blech lösen, auf einem Kuchengitter vollständig abkühlen lassen. In fest schließende Dosen verpacken. Die Busserln sind 2 – 3 Wochen haltbar.

Linzer Kringel

feines Buttergebäck

DIE KOMBINATION VON MÜRBEM BUTTERTEIG UND FRUCHTIGER KONFITÜRE MACHT DIESE ÖSTERREICHISCHEN PLÄTZCHEN BESONDERS LECKER!

Zutaten für ca. 60 Stück

300 g Mehl

125 g Puderzucker

1 geh. EL Vanillezucker

1 Prise Salz

200 g kalte Butter

4 hart gekochte Eigelb (Größe M)

1 Eigelb (Größe M)

1 EL Milch

2 EL Zucker

2 EL geschälte gem. Mandeln oder Haselnüsse

125 g Aprikosenkonfitüre oder rotes Johannisbeergelee

Zeitbedarf

• 45 Minuten +
 2 Stunden kühlen +
 10–12 Minuten backen

So geht's

1. Mehl, Puderzucker, Vanillezucker und Salz auf die Arbeitsfläche häufen. Die Butter in kleinen Würfeln daraufsetzen, die hart gekochten Eigelbe durch ein Sieb streichen und in die Mitte geben. Alles gut mit einem großen Messer durchhacken, dann mit den Händen rasch zu einem festen Mürbeteig kneten. In Folie wickeln und 2 Stunden kalt stellen.

2. Den Backofen auf 180 °C (Umluft 160 °C) vorheizen. Den Teig auf wenig Mehl messerrückendick (ca. 3 mm) ausrollen. Kleine Ringe (ca. 4 cm Ø) ausstechen. Oder zuerst Kreise ausstechen, aus diesen in der Mitte jeweils einen kleineren Kreis ausstechen. Wahlweise gleich viele Kreise und Ringe ausstechen.

3. Eigelb und Milch verquirlen, in einem Suppenteller Zucker und Mandeln vermischen. Die Hälfte der Ringe mit Eigelb bestreichen, dann in die Zuckermischung drücken. Alle Ringe auf ein mit Backpapier belegtes Blech setzen und 10–12 Minuten backen.

4. Konfitüre oder Gelee glatt rühren, die puren Ringe oder Kreise solange sie noch warm sind, damit bestreichen und mit einem Mandelring zusammensetzen. Abkühlen lassen, dann luftdicht verpacken. Die Kringel sind 3–4 Wochen haltbar.

Hausfreunde
mit Mandeln & Haselnüssen

ALTBEWÄHRT UND GUT: DIE WÜRZIGEN NUSS-SCHNITTEN SIND GANZ
EINFACH ZU BACKEN UND SCHNELL MIT SCHOKOLADE VERZIERT.

Zutaten für ca. 60 Stück

4 Eier (Größe M)

240 g Zucker

140 g gehackte Mandeln oder
Mandelblättchen

100 g gehackte Haselnüsse

100 g Rosinen

180 g Mehl

1 gute Prise gem. Zimt

1 gute Prise gem. Nelken

200 g dunkle Kuvertüre

Zeitbedarf

• 30 Minuten +
  ca. 20 Minuten backen

So geht's

1. Die Eier und den Zucker mit den Schneebesen des Handrührgeräts zu einer ganz schaumigen Creme aufschlagen. Ca. 5 Minuten schlagen, bis sich der Zucker fast vollständig aufgelöst hat.

2. Den Backofen auf 180 °C (Umluft 160 °C) vorheizen. Ein Backblech
   (ca. 40 x 30 cm) mit Backpapier auslegen. In einer Schüssel die
   Mandeln, Haselnüsse und Rosinen, das Mehl und die Gewürze
   vermischen. Die Eiercreme mit einem Teigspatel sorgfältig unterheben.

3. Den Teig auf das vorbereitete Blech streichen. Im heißen Ofen
   ca. 18 – 20 Minuten backen. Mitsamt dem Papier vom Blech ziehen
   und abkühlen lassen. Dann stürzen und das Papier abziehen.

4. Die Kuvertüre hacken und im Wasserbad schmelzen. Die erkaltete
   Teigplatte in kleine Rechtecke, Rauten oder Dreiecke schneiden.
   Jeweils mit einer Seite in die Kuvertüre tauchen und zum Trocknen auf Kuchengitter setzen. Die Hausfreunde gut verpacken,
   damit sie nicht austrocknen. Sie sind 2 – 3 Wochen haltbar.

Kletzenbrot
süß und saftig

NEBEN GETROCKNETEN BIRNEN, DEN „KLETZEN", KOMMT AUCH ANDERES DÖRROBST IN DAS BROT, DAS ZUR ADVENTSZEIT EINFACH DAZUGEHÖRT.

Zutaten für 4 kleine Laibe

250 g getr. Birnenschnitze

125 g Trockenpflaumen

125 g getr. Feigen

100 g getr. Datteln

100 g Orangeat

30 g Zitronat

250 g Rosinen

abger. Schale von 1 Bio-Zitrone

1 TL Lebkuchengewürz

125 ml Zwetschgen- oder Birnenschnaps

4 Eier (Größe L)

125 g Zucker

1 Prise Salz

250 g Mehl

100 g Zucker

Zeitbedarf
• 50 Minuten +
  24 Stunden ruhen +
  40 – 50 Minuten backen

So geht's

1. Die Birnenschnitze mit ¼ l kochendem Wasser übergießen. Abdecken und 24 Stunden durchziehen lassen. Pflaumen, Feigen und Datteln in kleine Würfel schneiden. Orangeat und Zitronat fein hacken. Zusammen mit Rosinen, Zitronenschale und Lebkuchengewürz in einer Schüssel gut vermischen. Mit Schnaps übergießen, abdecken und ebenfalls 24 Stunden durchziehen lassen.

2. Am nächsten Tag die Birnen in ein Sieb abgießen, eventuell Kerne und Stielansatz entfernen. Das Fruchtfleisch fein würfeln und zu den anderen durchgezogenen Früchten geben.

3. Die Eier trennen. Eigelbe mit Zucker mit den Schneebesen des Handrührgeräts dick schaumig schlagen. Auf die Früchte geben. Die Eiweiße mit Salz steif schlagen, ebenfalls dazugeben. Das Mehl darübersieben und alles gründlich miteinander verkneten.

4. Den Backofen auf 180 °C (Umluft 160 °C) vorheizen. Aus dem Teig mit bemehlten Händen 4 kleine Laibe formen und auf ein mit Backpapier belegtes Blech setzen. 40 – 50 Minuten backen.

5. Den Zucker mit 100 ml Wasser erhitzen und 5 Minuten sprudelnd kochen lassen. Die Kletzenbrote aus dem Ofen nehmen und mehrmals mit Zuckerwasser bepinseln. Auf einem Kuchengitter auskühlen lassen. In Folie verpacken und an einem kühlen Ort durchziehen lassen. Die Brote sind 4 – 5 Wochen haltbar.

Topfenstollen
mit Haselnüssen

EIN AROMATISCHER, SAFTIGER STOLLEN, DER OHNE HEFE ZUBEREITET
WIRD UND AUCH FÜR BACKANFÄNGER BESTENS GEEIGNET IST.

Zutaten für 4 kleine Stollen

200 g Haselnüsse

100 g Zitronat und /
oder Orangeat

50 g getr. Cranberrys

75 g Rosinen

4 cl Rum

500 g Mehl

1 Päckchen Backpulver

125 g Zucker

1 Päckchen Vanillezucker

abger. Schale von 1 Bio-Zitrone

250 g Quark (Magerstufe)

200 g weiche Butter

50 g Butter

Puderzucker zum Bestäuben

Zeitbedarf
• 40 Minuten +
  30 Minuten ruhen +
  ca. 45 Minuten backen

So geht's

1. Die Haselnüsse in einer Pfanne rösten, bis die Haut abplatzt. Auf einem Tuch ausbreiten, darin einschlagen und durch Rubbeln die Schale entfernen. Die Nüsse abkühlen lassen, anschließend grob hacken.

2. Zitronat und/oder Orangeat fein hacken. In einer Schüssel mit den Cranberrys und Rosinen vermischen. Mit Rum übergießen und abgedeckt 30 Minuten durchziehen lassen.

3. Mehl und Backpulver über die eingeweichten Früchte geben. Zucker, Vanillezucker, Zitronenschale, Quark und die gehackten Haselnüsse dazugeben. Die Butter in kleinen Stücken zugeben. Alles zuerst mit den Knethaken des Handrührgeräts, dann mit den Händen zu einem glatten Teig kneten.

4. Den Backofen auf 160 °C (Umluft 140 °C) vorheizen. Auf einer leicht bemehlten Fläche 4 kleine Laibe formen und auf ein mit Backpapier belegtes Blech setzen. Rundum einen Ring aus mehrfach gefalteter Alufolie legen und mit Büroklammern zusammenstecken, damit die Stollen nicht auseinanderlaufen können. Im heißen Ofen 45 – 50 Minuten backen.

5. Die Butter zerlassen und die heißen Stollen damit bepinseln. Dick mit Puderzucker bestäuben und auf ein Kuchengitter setzen. Auskühlen lassen, dann fest in Folie verpacken, damit die Stollen gut durchziehen können. Sie sind 4 – 5 Wochen haltbar.

Beschwipste Marillen
für feine Desserts

MIT DIESEN EINGELEGTEN TROCKENFRÜCHTEN WIRD AUS EINFACHEM
KUCHEN, EIS ODER EINER CREME SCHNELL EIN BESONDERES DESSERT.

Zutaten für 5 – 6 Gläser à 500 ml

1 kg getr. Aprikosen

1,5 l Wasser

2 Vanilleschoten

6 Bio-Zitronen

500 g Zucker

je 1 EL Nelken und Piment

100 g geschälte Mandeln

250 ml Aprikosenschnaps
oder Obstbrand

Zeitbedarf

• 30 Minuten +
  5 Stunden einweichen +
  ca. 35 Minuten kochen

So geht's

1. Die Aprikosen verlesen und in eine Schüssel geben, dabei evtl. Stielansätze entfernen. Das Wasser aufkochen und über die Aprikosen gießen. Zugedeckt 5 Stunden einweichen. Anschließend das Wasser in einen Topf abgießen.

2. Die Vanilleschoten längs aufschlitzen, das Mark herausschaben und mit den Schoten in das Aprikosenwasser geben. Die Zitronen waschen, die Schale möglichst dünn mit einem Sparschäler abschälen. Zitronenschalen, Zucker und die Gewürze ebenfalls dazugeben.

3. Die Zutaten umrühren, aufkochen und bei milder Hitze 15 Minuten leise köcheln lassen. Den Sud absieben, damit Schale und Schoten zurückbleiben, und wieder zurück in den Topf gießen.

4. Von den Zitronen mit einem scharfen Messer die weiße Haut vollständig entfernen. Die Früchte in dicke Scheiben schneiden. Mit den Aprikosen in die Zuckerlösung geben und bei milder Hitze 15 – 20 Minuten leise köcheln lassen, bis die Aprikosen weich sind. Wenig rühren, damit die Zitronenscheiben ganz bleiben.

5. Zitronen und Aprikosen mit einem Schaumlöffel herausheben und abwechselnd mit den Mandeln in heiß ausgespülte Gläser schichten. Den Alkohol in den Sud rühren, in die Gläser gießen, sodass alles von Flüssigkeit bedeckt ist. Die Gläser verschließen, abkühlen und mindestens 10 Tage durchziehen lassen. Kühl aufbewahrt sind sie 4 – 5 Monate haltbar.

Powidl
feines Pflaumenmus

DAS WÜRZIGE MUS SCHMECKT AUF DEM FRÜHSTÜCKSBRÖTCHEN UND
KANN ALS FÜLLUNG FÜR GEBÄCK UND MEHLSPEISEN VERWENDET WERDEN.

Für 2 Gläser à 250 ml

500 g getr. Pflaumen
ohne Kern

¼ l Wasser

1 TL gem. Zimt

1 gute Prise gem. Nelken
und Muskatblüte

1 Prise Salz

abger. Schale von
½ Bio-Zitrone

4 cl Zwetschgenschnaps

Zucker zum Abschmecken

Zeitbedarf

• 10 Minuten +
  24 Stunden einweichen +
  ca. 60 Minuten kochen

So geht's

1. Die getrockneten Pflaumen mit dem Wasser
   übergießen und 24 Stunden einweichen. Am
   nächsten Tag mit den Gewürzen und der abgeriebenen Zitronenschale in einen möglichst
   breiten Topf geben. Erhitzen und zum Kochen
   bringen, dabei gelegentlich umrühren.

2. Die Hitze reduzieren und die Pflaumen bei milder Hitze in ca. 40 Minuten weich kochen. Die
   Masse mit dem Pürierstab sehr fein pürieren.
   Dann unter ständigem Rühren so lange weiter
   einkochen, bis die Masse ganz fest und fast
   schwarz ist.

3. Die halbe Menge Zwetschgenschnaps unterrühren und mit Zucker abschmecken. Sofort in heiß
   ausgespülte Gläser abfüllen und glatt streichen.
   Die Oberfläche mit dem restlichen Schnaps bedecken. Die Gläser verschließen und abkühlen
   lassen. Das Pflaumenmus hält sich im Kühlschrank 5 – 6 Wochen.

Die Variante

Aprikosencreme
Abgeriebene Schale
und Saft von 1 Bio-
Orange mit Wasser
auf 300 ml auffüllen.
200 g getrocknete
Aprikosen darin in
ca. 30 Minuten weich
kochen. 2 EL gemahle-
ne geschälte Mandeln,
1 EL Puderzucker,
2 EL Aprikosen-
schnaps und mehrere
Prisen Piment und
Nelken zufügen. Sehr
fein pürieren und in
heiß ausgespülte
Gläser abfüllen. Die
Creme eignet sich als
Füllung für Strudel,
Blätterteiggebäck
oder einfach als Brot-
aufstrich. Im Kühl-
schrank 2 – 3 Wochen
haltbar.

Tafelspitz-Sülze
mit feinem Gemüse

FÜR ALLE, DIE SICH NUR WENIG AUS SÜSSEN WEIHNACHTSLECKEREIEN
MACHEN, IST DIESE SÜLZE GENAU DAS RICHTIGE GESCHENK!

Zutaten für 8 – 10 Portionen

4 Möhren

1 Stück Sellerie (ca. 400 g)

1 kleine Stange Lauch

5 – 6 Stängel glatte Petersilie

1 große Zwiebel

ca. 1 ½ l Wasser

1 kg Rinder-Tafelspitz

4 Lorbeerblätter

einige Piment- und Pfefferkörner

Salz

Pfeffer aus der Mühle

4 – 6 cl weißer Balsamico-Essig

10 Blatt weiße Gelatine

Zeitbedarf

• 40 Minuten +
  1 ½ Stunden kochen +
  18 Stunden ruhen

So geht's

1. Am Vortag Möhren und Sellerie schälen, jeweils die Hälfte in breite Streifen schneiden, in Salzwasser blanchieren und beiseitestellen. Den Rest grob zerteilen. Den Lauch waschen und in dicke Scheiben schneiden. Von der Petersilie die Stängel entfernen. Die Blätter grob hacken, abdecken und ebenfalls beiseitestellen.

2. Die Zwiebel halbieren, in einem Topf auf den Schnittflächen kräftig anrösten. Mit Wasser aufgießen, den Tafelspitz einlegen, Lorbeerblätter, Piment- und Pfefferkörner dazugeben. Grob geschnittenes Gemüse und Petersilienstängel zufügen, einmal aufkochen lassen und bei milder Hitze 80 – 90 Minuten leise köcheln lassen. Den Tafelspitz in der Brühe über Nacht abkühlen lassen.

3. Die Brühe entfetten, das Fleisch herausheben und in feine Scheiben oder Würfel schneiden. Die Brühe erhitzen, durch ein Sieb abgießen und 1 l abmessen (den Rest anderweitig verwenden). Mit Salz, Pfeffer und Essig kräftig abschmecken. Die Gelatine in kaltem Wasser einweichen und in der heißen Brühe auflösen.

4. Eine Kastenform (ca. 22 cm lang) mit Frischhaltefolie auslegen. Fleisch, Gemüsewürfel und Petersilie einschichten oder auch direkt in kleine Förmchen füllen. Mit der lauwarmen Brühe aufgießen, sodass alles bedeckt ist. Kalt stellen und in ca. 6 Stunden fest werden lassen.

EINE KÜRBISKERNÖL-VINAIGRETTE passt gut dazu: Dafür 6 EL Sherry-Essig mit 1 TL Senf, 1 Prise Zucker und 100 ml Kürbiskernöl gut verrühren. 1 fein gehackte Schalotte dazugeben, mit Salz, Pfeffer, einem Schuss Tabasco und 1 – 2 EL Balsamico-Essig abschmecken.

Käferbohnen
mit Paprikaschoten

SIE SEHEN NICHT NUR BESONDERS AUS, SONDERN SCHMECKEN AUCH PRIMA:
DIE IDEALE GRUNDLAGE FÜR EINEN STEIRISCHEN KÄFERBOHNEN-SALAT.

Zutaten für 6 Gläser à 250 ml

250 g Käferbohnen oder dicke weiße Bohnen

1 l abgekochtes kaltes Wasser

2 Lorbeerblätter

1 TL Pfefferkörner

2 rote oder gelbe Paprikaschoten

Salz, Pfeffer aus der Mühle

Cayennepfeffer

6 Knoblauchzehen

250 ml Sonnenblumen- oder Rapsöl

6 EL Kürbiskernöl

Zeitbedarf
- 40 Minuten +
  12 Stunden einweichen +
  30 Minuten kochen

So geht's

1. Die Käferbohnen in einem Topf mit dem Wasser übergießen. Abgedeckt über Nacht einweichen. Am nächsten Tag Lorbeerblätter und Pfefferkörner dazugeben, die Bohnen im Einweichwasser in ca. 30 Minuten knackig gar kochen.

2. In der Zwischenzeit die Paprikaschoten waschen, auf ein Blech legen und unter dem Grill oder im Backofen bei 200 °C (Umluft 180 °C) ca. 20 Minuten garen, bis die Haut Blasen wirft. Die Schoten mit einem nassen Tuch abdecken, kurz abkühlen lassen, dann die Haut abziehen. Die Schoten längs halbieren, weiße Rippen und Kerne entfernen. Das Fruchtfleisch in mundgerechte Rauten schneiden. Leicht salzen und pfeffern.

3. Die gekochten Bohnen ebenfalls mit Salz, Pfeffer und Cayennepfeffer würzen. Die Lorbeerblätter herausfischen. Die Bohnen im verbliebenen Sud abkühlen lassen. Die Knoblauchzehen schälen und halbieren, evtl. den grünen Kern herausschneiden.

4. Die Bohnen abwechselnd mit den Paprikastücken in heiß ausgespülte Gläser schichten. Die Knoblauchzehen dazwischen stecken. Die Gläser mit Öl auffüllen, sodass alles bedeckt ist. Zum Schluss je 1 EL Kürbiskernöl darüberträufeln. Die Gläser verschließen. Die Bohnen sind im Kühlschrank 10 – 12 Tage haltbar.

FÜR EINEN KÄFERBOHNEN-SALAT die eingelegten Bohnen mit 1 fein gehackten Schalotte, einem guten Schuss Essig und etwas vom Einlegeöl anmachen. Auf einem Bett von Endivien- oder Feldsalatblättern anrichten.

Register von A-Z

Themenregister

Süße Verführungen

Liebevolles aus der Küche zum Verschenken und Genießen

Regine Stroner
Bald ist Weihnachten
144 Seiten, 83 Abbildungen, €/D 14,95

Dagmar Reichel
Komm zum Kaffeeklatsch
144 Seiten, 120 Abbildungen, €/D 14,95

Im Advent, der schönsten Zeit des Jahres, stehen Geschenke, vor allem Selbstgemachtes aus der Küche, besonders hoch im Kurs. Das Buch ist ein kulinarischer Führer durch die Adventszeit und zeigt mit vielen Rezepten und Verpackungsideen, wie man jeden Tag und zu jedem Anlass der Familie, guten Freunden, lieben Nachbarn und Kollegen eine Freude bereiten kann. Von Dattelmakronen und Gewürzkuchen für den Adventskaffee über Schoko-Lollies und Knuspernüssen für den Nikolausstiefel bis zu Glühweingelee und Entenleberpastete als Wichtel- oder Weihnachtsgeschenk.

Sich endlich mal wieder Zeit nehmen! Für einen gemütlichen Nachmittag mit Freunden, eine festlich gedeckte Kaffeetafel oder eine fröhliche Backparty. Das Buch lädt dazu ein, den Kaffeeklatsch so richtig gekonnt zu zelebrieren. Schon die Vorbereitung wird zum Genuss: Liebevolle Ideen für schön gestaltete Einladungen, stilvolle Tischdekorationen und ein stimmungsvolles Ambiente. Kuchenklassiker, traumhafte Torten und moderne Trends wie Cake-Pops, Cupcakes und Bubble Tea werden die Gäste begeistern.

Akteure

Regine Stroner ist freie Food-Journalistin und Autorin und hat bereits einige erfolgreiche Koch- und Backbücher veröffentlicht (bei KOSMOS u.a. „Selbst gemacht & mitgebracht", „Bald ist Weihnachten" und „Fruchtige Drinks"). Nach dem Studium der Haushalts- und Kommunikationswissenschaften arbeitete sie einige Jahre als Redakteurin bei einer großen Frauenzeitschrift. Sie lebt mit ihren drei Kindern und ihrem Mann, einem Sternekoch, mit dem zusammen sie einen traditionsreichen Landgasthof führt, in Hohenlohe. Ihr kulinarisches Knowhow gibt sie dort auch regelmäßig in Koch- und Backkursen und Kräuterworkshops weiter.

EISING STUDIO Food Photo & Video, von Susie und Pete A. Eising vor über 30 Jahren gegründet, gehört zu den führenden Studios für Food Photography. Seit vielen Jahren werden ihre Arbeiten regelmäßig von der Gastronomischen Akademie und der Historia Gastronomica ausgezeichnet. Heute werden im neuen Filmstudio auch Rezept-Videos gedreht. www.eising-studio.de

Martina Görlach ist seit über 25 Jahren Fotografin im EISING STUDIO. Mit Liebe zum Detail und zum Essen ist sie nicht nur mit Professionalität, sondern auch mit Herz und Seele am Werk. Anspruchsvolle, perfekt inszenierte Fotos mit stimmungsvoller Atmosphäre sind das Ergebnis. Assistiert haben bei dieser Produktion **Katrin Oswald** und **Sandra Willibald**.

Michael Koch gehört seit über zehn Jahren als Food-Stylist zum Team des EISING STUDIOs. Mit langjähriger Erfahrung als Koch in der gehobenen Gastronomie entwickelt er auch gern selbst kreative Rezepte. **Flora Hohmann** unterstützte ihn in der Studioküche.

Christina Kempe ist im EISING STUDIO die Backfee, die auch die schwierigsten Rezepte mit viel Liebe und Fingerspitzengefühl umsetzt. In ihrem Münchner Redaktionsbüro schreibt sie mit Leidenschaft Back- und Kochbücher.

Suse Vollmar ist studierte Modedesignerin und gelernte Kostümbildnerin, die mit viel Gespür für Ästhetik immer die richtigen Requisiten findet.

Impressum

Mit 75 Farbfotos von Martina Görlach

Umschlaggestaltung von Gramisci Editorialdesign, München unter Verwendung eines Fotos von Martina Görlach

Rezepte, Geling-Tipps, Infos zum KOSMOS-Kochbuch-Programm und vieles mehr unter **kosmos.de/gut-gekocht**

Unser gesamtes lieferbares Programm und viele weitere Informationen zu unseren Büchern, Spielen, Experimentierkästen, DVDs, Autoren und Aktivitäten finden Sie unter **kosmos.de**

Gedruckt auf chlorfrei gebleichtem Papier

ISBN 978-3-440-13020-9

Projektleitung und Redaktion: Dr. Eva Eckstein
Gestaltungskonzept und Layout:
Gramisci Editorialdesign, München
Satz: Cordula Schaaf, Grafik-Design, München
Produktion: Eva Schmidt

Printed in Germany / Imprimé en Allemagne